CRESCENDO

AVIS AUX AMATEURS

DU MÊME AUTEUR

L'OCÉAN MINIATURE, roman, Seuil 1983.
SIMONE SIGNORET. LA MÉMOIRE PARTAGÉE, essai biographique, Robert Laffont, 1990 ; Le Livre de Poche, 1992.
LA BEAUTÉ DU GESTE, essai, Calmann-Lévy 1994 ; Actes Sud, "Babel", n° 769.
PASSAGE DE L'ANGE, roman, Calmann-Lévy 1995.
L'HOMME QUI SAVAIT TOUT. LE ROMAN DE PIC DE LA MIRANDOLE, roman, Seuil, 2001 ; "Points Seuil", 2002.
CLANDESTINE, récit, Seuil, 2003.

En collaboration :

L'OCCIDENT EN QUÊTE DE SENS, anthologie, préface de Jean Daniel, Maisonneuve et Larose, 1996.
ENTRETIENS SUR LA FIN DES TEMPS, conversations avec Stephen Jay Gould, Jean Delumeau, Jean-Claude Carrière et Umberto Eco, Fayard, 1998.
ÉGYPTES. ANTHOLOGIE DE L'ANCIEN EMPIRE A NOS JOURS, Maisonneuve et Larose, 1998.
SOMMES-NOUS SEULS DANS L'UNIVERS ? Conversations avec Jean Heidmann, Alfred Vidal-Madjar, Nicolas Prantzos, Hubert Reeves, Fayard, 2000.

ISBN 2-7427-6253-1

CATHERINE DAVID

Crescendo

Avis aux amateurs

un endroit où aller
ACTES SUD

A Dionysos !

En mémoire de mon père,
Pierre Gradwohl,
pour que la joie demeure.

Aujourd'hui plus qu'hier et bien moins que demain.

ROSEMONDE GÉRARD

C'est dans mon corps, mes épaules, parfois mes mains que je ressens si une phrase est juste, si je suis dans ma vérité.

HENRY BAUCHAU

Je pleure sur le sort des quatre éléments.

DIOTIMA

I

ART-MOT-NID

PAR LA FENÊTRE du salon, j'entends le piano bouillir sous les doigts agiles de mon père. Concerto de Bach en *la* majeur. Les arpèges rebondissent, dopés par les trilles. Je rentre de l'école, la vie est belle à pleurer, comme dans un film de Capra. La main gauche, de croche en croche, se fait violoncelle, doum, doum doum, et voici que le second thème, déjà, prend appui sur un *fa* dièse particulièrement jouissif, puis monte, redescend, se transforme, s'envole et gambade, cœur battant, promeneur à quatre temps, acrobate des harmonies. *Art-mot-nid*, comme dit Raphaël. Autorité de la joie.

Regard pantelant, fourrure hirsute, le chien Arco ("archet" en italien !) se précipite pour me lécher la joue en gémissant de bonheur. Sur la terrasse, le printemps fait chanter la glycine. Musique et lumière. Bourdons, guêpes, abeilles en folie. C'est la saison des pâquerettes, floraison nuageuse, pointillés sur la pelouse. Le pommier nain du Japon vient de clore sa floraison annuelle, ses pétales font cercle autour de lui. Dans le creux du grand orme, une nichée de primevères. Pour la couleur rouge, voyez la Fiat 500 dite Jardinière de ma mère, garée sur le gravier, rutilante. Vive le Kapellmeister ! Et gloire au *la* majeur !

En ce temps-là, notre expérience de la vie n'avait rien abîmé, nous n'avions pas vu l'envers du décor, nous n'avions pas encore cassé nos jouets. L'air nous paraissait sans limites, et la musique de Jean-Sébastien Bach faisait partie de la nature des choses, comme les arbres ou les nuages, de toute éternité. Nous savions que de sympathiques hominidés avaient dû vivre et mourir pendant des centaines de milliers d'années dans un monde dépourvu de Bach, et nous avions pour eux une pensée compatissante, de même que pour les dinosaures qui n'ont jamais entendu chanter leurs lointains descendants, les oiseaux.

La musique de Bach nous paraît universelle, mais tous ne l'entendent pas de cette oreille. Mon amie Stella Baruk, pourtant fine musicienne et dotée d'une intelligence supérieure, le trouve *ennuyeux*. Ennuyeux ! Oui, ennuyeux, le paradis !

Lassante, la perfection ! Monotone, le divin tricotage ! Eh bien oui, on peut aimer les mathématiques et s'endormir pendant Bach ! Je suis scandalisée, nous nous disputons, je parle de subtilité, de puissance et de joie, j'évoque les extases du *la* majeur, les délices de la polyphonie, mais Bach n'a pas besoin de moi pour se défendre, n'est-ce pas ! Bach est un roc, un cap, une péninsule, que dis-je, un continent, une galaxie. Bach est incontournable, heureusement.

Dans le cartable d'un élève de piano, quels que soient son âge et sa compétence, le "morceau-de-Bach" est une figure imposée, le travail au long cours qui accompagne et ponctue les autres chantiers. "On a toujours besoin d'un petit Bach chez soi", disait mon cher maître André Boucourechliev. Du fait de cette tradition bien établie dans les conservatoires, Bach est le compositeur avec lequel un pianiste tend à passer le plus de temps, la terre ferme à laquelle il revient entre deux errances, entre Brahms et Debussy, entre Schumann et Liszt. Comme les exercices à la barre des danseurs, et mieux que les sempiternels Czerny ou Hanon qui n'assouplissent que les doigts, Bach peut servir d'échauffement, d'exercice. Sa rigueur est contagieuse, son austère beauté favorise le recueillement, oblige à la transparence, à la précision. Chez Bach, le pianiste a rendez-vous avec le centre de lui-même dans l'intimité du clavier. Jouer Bach confère au pianiste patient des doigts solides et souples, légers, souverains. Capables d'allier la fermeté des basses à la légèreté des trilles, et surtout d'accentuer le phrasé pour faire advenir le chant. Sans oublier d'alléger la tonique !

A l'époque où mes parents et moi habitions Vaucresson, comme tous les débutants, j'avais exploré les petits *Menuets*, *Sarabandes* et autres *Bourrées* du *Cahier d'Anna Magdalena Bach*, puis les *Inventions* (à deux et trois voix), avant d'aborder timidement quelques *Préludes et Fugues* du *Clavier bien tempéré*, le bâtiment principal de cette aile de l'édifice. Construit en escalier à l'image des ziggourats babyloniennes, *Le clavier bien tempéré* est un palais sonore qui commence en *do* majeur pour gravir une par une les vingt-quatre marches de la gamme chromatique, en une irrésistible ascension vers le ciel de la musique.

J'aimais surtout travailler les *Fugues*. Loin du déprimant tricotage évoqué par Stella, la polyphonie réalisait pour moi un rêve de concorde, un *enchantement*. Plusieurs voix parlaient en même temps, sans pour autant se contredire ou se gêner à l'instar de convives éméchés. Bien au contraire, elles se hélaient, se suivaient, se complétaient, se saluaient, et leurs discours entrecroisés n'en finissaient pas de s'épanouir et de se magnifier. Je m'y perdais un peu, surtout vers la fin, mais j'étais fière de savoir, ici ou là, mettre en valeur l'entrée du thème à l'alto ou à la basse, sans oublier de respecter les doigtés.

J'ose à peine l'avouer mais voilà, personnellement, sur mon île déserte, je me contenterais facilement de Bach pour ce qui est de la musique baroque. Oh, j'écoute volontiers les grandes orgues de Haendel, il m'est même arrivé de jouer du Scarlatti ou du Couperin mais à la vérité je pourrais m'en passer. Vous avez Dieu sous la main (dans les mains !), pas la peine d'aller adorer ses duplicatas. Si vous voulez mon avis, Bach est largement au-dessus de Dieu, en ce sens que Dieu ne lui arrive pas à la cheville en tant que créateur. Il n'y a pas de ratés dans son univers.

Bach, à la fois mobile et immuable, géométrique et sensible, Héraclite et Parménide, cristal de temps resplendissant. Une grande horloge scintille dans l'azur, qui nous berce et nous caresse, qui nous pose en équilibre au cœur de l'instant, entre le geste et le rêve, le centre et la circonférence, l'action et la contemplation. La moindre page de Bach fait naître un espace clair, où l'esprit peut aller danser ce soir, loin des petites misères. C'est Bach qui donne le *la*.

Ses *Concertos* pour un, deux ou trois claviers n'ont pas la solennité de la *Messe en si*, ni le côté grandiose des *Toccatas*. Ils restent peut-être en deçà de la mystique sublime des *Cantates*. Mais ils incarnent la joie première, la jeunesse de l'être, la vigueur de l'univers. Et peuvent se jouer au clavecin ou au piano, c'est selon.

"Messieurs, le vieux Bach vient d'arriver." En ce soir pluvieux de 1747, entouré de ses musiciens, Frédéric II, dit le Grand, a posé sa flûte, la voix pâlie par l'émotion. Interprète amateur, le roi de Prusse se pique aussi de composer. Jean-Sébastien Bach est déjà une légende. Il a soixante-deux ans, il vient à Potsdam rendre visite à son fils, Carl Philip Emanuel Bach, employé à la cour.

Le piano-forte vient d'être inventé. Comme son nom l'indique, ce nouvel instrument a l'avantage sur le clavecin de permettre des changements d'intensité, de jouer tantôt *piano*, tantôt *forte*. Une quinzaine de ces instruments révolutionnaires, fabriqués par le célèbre facteur d'orgues Silbermann, ont été installés dans les salons du château, et le roi se réjouit de les soumettre à l'expertise du "vieux Bach".

“Les musiciens le suivirent de pièce en pièce, et partout on demanda à Bach d'essayer les pianos”, raconte Johann Nikolaus Forkel, l'un des premiers biographes de Bach. Regrettons qu'une caméra d'Arte n'ait pas été là pour filmer cette extraordinaire promenade.

A l'époque, Bach est aussi renommé pour ses improvisations. Devant l'un des pianos-forte, il demande à Frédéric II de lui fournir un thème de fugue, “pour l'exécuter immédiatement, sans aucune préparation”. Fasciné, le roi de Prusse lance un défi au roi de la musique : à partir de son thème, improviser une fugue à six voix. C'est ce qu'on appelle une mission impossible. La capacité d'improviser une fugue à six voix peut se comparer, dit-on, à celle qui permettrait de disputer simultanément soixante parties d'échecs en les gagnant toutes.

Le roi de la musique relève le défi. Frédéric lui propose plusieurs thèmes. Bach en choisit un, en *do* mineur, solennel et subtilement chromatique. Et il improvise ce qui deviendra un monument : *L'offrande musicale.* Telle est la légende. D'après le critique Jacques Drillon, l'exploit est un peu moindre. Bach aurait en fait improvisé une *Fugue* à trois voix, avant de rentrer chez lui pour écrire le *Ricercare* à six voix.

Mais pourquoi la musique de ce luthérien austère éveille-t-elle en nous une telle jubilation ? Se pourrait-il qu'elle ne soit faite que de cela ? que la matière première de la musique de Bach soit justement la joie, ce bonheur de l'intelligence chanté aussi à la même époque par Spinoza ?

Le piano au centre de la maison et la musique au cœur de la vie, voilà ce que mon père m'a appris. Car nous voulons jouir de notre passage sur terre, à défaut d'en comprendre le sens, n'est-ce pas ? Car bien sûr, au-delà du bien-être, nous visons la joie qui est plus vaste et plus légère, *la joie qui demeure*, seule vérité qui nous soit accessible. La musique est un moyen de transport vers ce paradis hors les murs, une langue originelle qui abolit les fades distinctions entre le corps et l'esprit, le geste et la pensée, la nature et la culture.

Tout cela, mon père le disait sans les mots, du bout des doigts. A toute heure du jour, il s'acharnait sur ses *Polonaises* ou ses *Kreisleriana*, ce qui mettait une ambiance du tonnerre à la maison, et me donnait une furieuse envie de me lancer dans la virtuosité, comme on rêve de faire du parapente ou du saut à l'élastique. Blottie dans le canapé, je lisais *Le mouron rouge* de la baronne Orczy, ce très réactionnaire chef-d'œuvre du roman-feuilleton, pendant que mon père travaillait la *Suite* de Rachmaninov ou la partie d'orchestre du *Capriccio* de Stravinski transcrit pour deux pianos, qu'il devait jouer avec le jeune virtuose François-Joël Thiollier. C'était une musique excitante et dangereuse, qui l'obligeait à faire des bonds avec des mains volantes. Mais j'aimais encore plus, passionnément, à la folie, les digressions de Chopin qui s'échappaient hors des barres de mesure comme des écharpes battues par le vent. Et les mélodies de Schumann, soutenues par une basse arpégée qui ne cessait de moduler de la manière la plus troublante. Et aussi...

Et le temps s'est arrêté là-bas, quelque part entre la glycine et les trilles, entre la saveur et l'extase, un samedi en *la* majeur de mon enfance perdue, étoile lointaine. L'école est finie, la Fiat Jardinière a disparu, le vieil Arco a rendu l'âme dans la cuisine, le grand orme est mort d'une épidémie, et papa n'est plus là, non, papa n'est plus

Il nous a laissé sa musique, *joie qui demeure*, jardin des délices, divin bavardage entre un Pleyel droit et un vieil Erard quart de queue, puisqu'il y avait deux pianos à la maison, c'est vous dire qu'à Vaucresson, eh bien, c'était tous les jours Versailles.

Une enfance belle à pleurer, une fête pour la mémoire, avec cette joie qui ne passe pas, et cette morsure au cœur qui ne passe pas non plus.

II

AVIS AUX AMATEURS

SALUT A VOUS, aspirants virtuoses, autodidactes du clavier, infirmes du trois-pour-deux, handicapés de la gamme en tierces, mes semblables, sœurs et frères, rivales et rivaux, compagnons d'extase ou de trac. Ils sont vivants, nos rêves d'enfants ! Une même nostalgie nous hante, un même désir nous obsède, il est urgent d'y céder ! Urgent de répondre à l'appel du clavier, de refaire les gestes familiers, urgent d'extraire la musique de la grande carcasse comme Aladin fait surgir de sa lampe le Génie qui exauce tous les vœux.

Pensez à la fraîcheur des touches qui sont parfois si dociles. Pensez à cette sensation particulière, ce je-ne-sais-quoi, adrénaline, oxygène, sérotonine ? qui monte du clavier, s'immisce dans les artères du pianiste et le force à tomber la veste ou le pull au bout d'un quart d'heure. Une chaleur exquise, vivifiante, qui passe par les mains pour se conjuguer au plaisir des tympans, et qui circule aussi dans les yeux surveillant le clavier, qui voyage le long des nerfs, des muscles, de toutes les fibres du corps, dans le flux et le reflux des harmonies, modulations, accélérations, rubatos, reprises, variations.

Nous les amateurs, nous n'attendons aucun bénéfice quantifiable de notre pianotage, qu'il soit obsessionnel ou saisonnier. Ni salaire ni gloriole ! Sans espoir, nous tendons l'oreille vers l'Olympe des demi-dieux, les Argerich, Freire, Pollini, Kempf, Rubinstein, Cziffra, Michelangeli, Schiff, Grimaud, Pires et autres magiciens, ceux qui ont de l'électricité dans les doigts, ceux qui savent étirer les sonorités comme des brumes matinales sur la colline, ceux qui marient le sublime au frivole, la fièvre à l'allégresse, et dont les étincelantes prouesses nous indiquent, hélas de très loin ! la direction à suivre.

Que de drames intimes, de blessures inavouées dans le peuple des amateurs ! Avouons-le, il y a une importante proportion de handicapés parmi nous. Par exemple, pour la plupart, nous ne savons pas, nous n'osons pas improviser, quelle tristesse. Fous de piano mais éternels débutants, nous avons cet angle mort, ce point de fuite, cette zone d'incompétence.

Il y a ceux qui se croient incapables d'apprendre une œuvre par cœur et gardent éternellement les yeux rivés sur la partition comme le naufragé s'accroche à son canot ; ceux qui au contraire naviguent exclusivement à l'oreille et ne savent pas (ou plus) lire une partition ; il y a ceux qui ne savent pas (ou n'osent pas) se lancer dans le déchiffrage, préférant rejouer indéfiniment les mêmes morceaux usés jusqu'à la corde ; et ceux qui au contraire se refusent à travailler sérieusement le moindre prélude, mais adorent les trémolos, se lancent avec panache dans une *Etude transcendante*, et se plantent dans les grandes largeurs ; il y a ceux qui jouent merveilleusement dans leur chambre mais sont incapables d'une performance en public pour cause de trac ; il existe des concertistes défroqués qui possèdent encore, trente-cinq ans après, des blocs de mémoire pianistique, des ruines somptueuses, mais leurs doigts déshabitués du clavier ne leur obéissent plus ; il y a ceux qui n'ont jamais le temps de travailler à cause du boulot, des enfants ou des vieux parents ; il y a ceux qui ont peur de déranger, de déplaire ; ceux qui oublient trop souvent de vérifier les dièses et les bémols à la clef (suivez mon regard !) ; ceux qui ont si peur de faire des fausses notes qu'ils en oublient de respecter les indications rythmiques ; ceux qui ne jouent qu'à l'aube, ivres morts, le cœur en cendres et les doigts pâteux, quand la fête est finie.

L'amateur, comme l'autodidacte, se définit d'abord par ses lacunes. Il a tendance à cultiver jusqu'à plus soif son pré carré, à plaquer les trois mêmes accords avec les mêmes fautes, les mêmes mains vacillantes, à jouer par habitude la même ritournelle, le même début de sonate. Il réussit parfois, à force de grands travaux intermittents, à faire des progrès sensibles, mais il reste à transformer l'essai, à consolider cet acquis. Qu'il cesse de travailler régulièrement, faute de temps, d'énergie ou de courage, et c'est triste à dire, mais il risque fort de voir retomber d'un étage son niveau pianistique. Mais il recommencera, comment faire autrement ? Le piano est un alcool fort : qui a joué jouera.

Sans espoir, donc, mais non sans obstination ! Nos ambitions sont limitées, forcément limitées, nous savons que notre amateurisme est une maladie incurable, etc. Nous ne rêvons pas – nous ne rêvons plus ! – d'interpréter un jour la *Sonate* de Liszt, la *Hammerklavier* de Beethoven ou le troisième *Concerto* de Rachmaninov à Carnegie Hall. Jamais, en cette vie, nous ne serons capables d'enchaîner les *Kreisleriana* de Schumann dans le tempo voulu. Non, nous n'aurons jamais de *standing ovation.* Nous devrons nous contenter de jouer pour nos proches, de plaire aux indulgents, d'épater le pékin. Cependant nous continuons à barboter dans le bassin des grands, à massacrer pour la centième fois ce début de sonate, à re-déchiffrer cette *Ballade* en coinçant sur les mêmes doubles bémols. Après tout, nous ne ferons pas non plus l'ascension de l'Everest et nous n'irons pas en vacances sur la Lune. Ni chez Dior nous acheter cette petite robe de bal. On s'y fait !

Les bienfaits du piano sont immenses mais invisibles, et bien sûr impossibles à mesurer. Des heures de plaisir, la mémoire qui jubile à mesure qu'elle engrange, une facilité de lecture, une agréable liberté digitale, un bien-être étendu à l'humeur, des moments de partage où s'illumine l'amitié, une merveilleuse intimité avec Mozart, Chopin et les autres. Et le bonheur, parfois, de faire plaisir à quelques auditeurs avec notre musique, au lieu de déranger le monde comme le barde Assurancetourix que les Gaulois empêchent de chanter. A vrai dire, nous aimerions qu'ils en redemandent, qu'ils ne s'en lassent jamais. Et que les voisins se joignent à eux pour nous supplier de jouer plus longtemps, pendant des heures, et même pendant la nuit, fenêtres ouvertes ! Ah, les volutes de musique qui s'évaporent dans la tiédeur estivale !

L'amateur est d'abord celui qui s'aime assez pour jouir sans entraves de cet ailleurs tout proche, lieu d'ébauches et de débauches. Et cela avec un certain entêtement, une ténacité qui peut sembler absurde, malgré les vents contraires, les emplois du temps qui harcèlent, les doigts en chiffon, les arpèges bancals, les à-quoi-bon, les je-n'y-arriverai-jamais, et ces bonnes vieilles fausses notes qui se multiplient en ricanant. Malgré le ridicule de jouer ce *Nocturne* de Chopin à deux à l'heure, et en faisant des erreurs consternantes, alors que Ciccolini, tout à l'heure, à la radio, lui donnait des ailes.

Heureusement, le plaisir précède la perfection et n'attend pas la maîtrise totale pour se manifester. Nous avons bien envie, nous aussi, et dès notre premier "flocon", de jongler avec les tierces, les octaves, les quartes et les sixtes, de tenter un legato langoureux, un allegro qui décoiffe, de peser nos phalanges sur la balance de nos oreilles. Nous avons bien le droit, nous aussi, de nous éclater avec les divins Lego du solfège, qui est la voie austère vers l'extase. Nous voulons, nous pouvons consolider nos traits vacillants et nos trilles imprécis, nuancer notre phrasé, éliminer les fausses notes résiduelles, faire chanter cette voix intermédiaire, varier les intensités d'un pianissimo à un triple forte en passant par tous les niveaux intermédiaires *(crescendo)* ou au contraire par un effet de contraste voulu. Puisque le piano le permet, le demande, l'exige.

Puisque le piano est le roi de la nuance ! Puisque l'invention du piano-forte permet à l'interprète de varier à l'infini le nombre de décibels en modifiant sa manière d'enfoncer les touches ! Les premières sonates de Beethoven sont comme ivres de cette liberté nouvelle. Le jeune Beethoven multiplie les transitions brutales, les effets puissants et les sautes d'humeur, un peu à la manière de Victor Hugo quand il se grise de contrastes et de métaphores solennelles. Le clavier devient aussi expressif que le violon, aussi symphonique que l'orchestre, aussi sensible au toucher qu'une harpe ou un tambour. Cette révolution technologique va engendrer une extraordinaire floraison de génies, de Beethoven à Debussy et Ravel en passant par les maîtres romantiques, Schubert, Schumann, Brahms, et surtout Chopin et Lizst, qui font du piano le microcosme de la musique.

Notre piano actuel est une version perfectionnée du premier piano-forte. Il a gagné deux octaves et toutes sortes de raffinements (notamment le double échappement inventé par Erard), mais pour l'essentiel il est identique à son grand frère et se définit d'abord par sa réceptivité, par sa sensibilité aux variations du toucher. Dès lors, le toucher devient la grande affaire du pianiste, bien au-delà de l'exactitude et de la virtuosité. C'est la magie du toucher qui nous permet d'émouvoir ceux qui veulent bien nous écouter, c'est la pulpe de nos doigts qui leur caresse les tympans.

III

DANS NOTRE FORD INTÉRIEURE

ALORS, comme ça, vous n'avez pas touché un piano depuis... ?

— Des semaines, des mois, des années... (Soupir à fendre l'âme.)

— Non, ne précisez pas, ce serait inutile et déprimant, sachez que je vous entends cinq sur cinq, ou plutôt dix sur dix ! Quelques jours d'abstinence, et la hantise commence. *Je ne sais plus rien faire de mes dix doigts, ce n'est même pas la peine d'essayer... De toute façon, j'ai la mémoire qui flanche...*

— Depuis le temps... Et puis maintenant c'est comme ça, le pli est pris, il n'y a pas que le piano dans la vie, tout de même ! Et je vous assure qu'on peut s'en passer.

— Mais n'avez-vous pas la pénible impression de transporter partout avec vous ce savoir-faire négligé comme une branche morte, pour ne pas dire un membre amputé ?

— N'insistez pas, le piano, c'est de l'histoire ancienne. S'il me reste quelques souvenirs du Conservatoire, ce ne peuvent être que des bribes, des ruines pathétiques.

— Allons, allons. Des ruines à la Hubert Robert, ce ne serait pas si mal. Mais je vous connais ! Quand vous passez à proximité d'un piano, vous prenez un air indifférent, c'est suspect. En fait, vous le dévorez des yeux. Sans y toucher…

(Re-soupir à fendre l'âme.)

— Et au concert, vous souffrez en silence ! Plus la musique est belle, plus la nostalgie vous étreint. Privé des gestes vivifiants du piano, vous êtes taraudé par le sentiment d'une erreur existentielle. Je vous entends d'ici, vous grommelez, rouspétez, ronchonnez, une discussion muette se déroule dans votre Ford intérieure.

— Oui, admettons, j'aimerais bien m'y remettre, mais dans une autre vie. Car voyez-vous, je n'envisagerais pas d'y retourner à moitié. Le roi des instruments n'est pas un hobby parmi d'autres. Si c'est pour en faire un passe-temps, un ouvrage de dame, non merci, très peu pour moi, j'ai ce qu'il faut, un chevalet de peintre, une trousse de bricolage, un élevage de rosiers, des jeux vidéo, une bibliothèque, que sais-je ? Mais le piano, ce serait du sérieux, un véritable engagement, un travail à temps plein. Impensable ! Et d'ailleurs, à quoi bon, pour quoi faire ?

— Mais pour rien, pour le *fun*...

— Laissez-moi rire ! Au point où j'en suis, il me faudrait des heures de travail quotidien pendant des mois, ne serait-ce que pour retrouver le niveau que j'avais atteint autrefois, et cela sans aucune certitude. Dur, dur. Entre le boulot, les voyages, les enfants, les obligations, je n'ai tout simplement pas le temps. Le piano, j'ai fait assez de gammes dans ma jeunesse pour le savoir, c'est tous les jours, quoi qu'il arrive, au moins une demi-heure de concentration intense. Et plutôt deux fois qu'une dans la même journée. Et encore, pour obtenir un résultat minable !

— Vous êtes trop modeste.

— Oui, modeste et fier (fière) de l'être !

— Mais la modestie ne prouve rien, elle n'est que la doublure du désir, le masque du regret. Ce qui importe vraiment n'est pas le résultat, c'est l'aventure, la découverte, la promenade. Tout cela ne vous manque pas ?

— Si bien sûr, je ressens un manque, prétendre le contraire serait mentir, mais ce n'est qu'un vague regret sans consistance ni capacité de nuisance, une ombre à l'horizon, un peu comme un rêve que j'aurais oublié.

— Et vos mains, elles ne protestent pas ?

— C'est vrai, j'ai souvent l'impression qu'elles sont exsangues, dévitalisées. Parfois, elles sont envahies de cliquetis nerveux qui naissent au creux des paumes et se répandent partout, picotent les phalanges, remontent jusque dans les poignets. Cela fait presque mal…

— Rien d'étonnant si vous avez les doigts qui piaffent comme des chevaux interdits de promenade !

— Peut-être sont-ils paralysés par cette inaction forcée ? Parfois, je me demande… Non, mieux vaut en rester là, ne pas essayer, ne pas enfoncer une seule touche. Viles séductrices !

— Vous craignez de ne plus savoir lire une partition, vous croyez avoir tout perdu, tout oublié, tout dispersé sur les chemins de la vie ? Vous avez l'impression d'avoir des mains en chiffon, sans ressort ?

— Mes doigts ont encore assez de force pour taper sur un clavier d'ordinateur ou pour vous serrer la main, c'est déjà ça ! Mais le piano, n'insistez pas, c'est non, j'en ai fait mon deuil, il faut choisir dans la vie. Et parlons d'autre chose, je vous en prie.

L'ambiance est survoltée dans votre habitacle intime, et vous êtes carrément de mauvaise humeur à présent, car l'idée du piano reste collée dans un coin de votre esprit agité. Et ne vous lâche plus. D'habitude vous évitez d'y penser, tout se passe à merveille. Maintenant que vous avez entrepris de le conjurer, voilà que ce revenant vous obsède, proteste de la manière la plus agaçante, et soudain vos justifications vous paraissent un peu faiblardes.

— Quand je délaisse mon piano, je dépéris, je déprime, je me ronge les ongles. Mais quand je jouais trois heures par jour, je n'avais plus le temps de vivre. Coupable, toujours coupable !

— La culpabilité n'est pas inutile. Elle s'utilise comme un moteur, pour déclencher le processus. Ensuite, quand elle se met à radoter, on la fait taire du bout des doigts. A vous de voir. A propos, personne ne vous oblige à jouer du piano.

— Je vous assure que je souffre énormément. La situation est grave, le dilemme inextricable.

— Dilemme de luxe ! Jouer ou ne pas jouer, faire ou ne pas faire, vivre ou ne pas vivre, jouir ou ne pas jouir, c'est votre affaire, votre problème. Vous êtes libre d'écouter ou de vous boucher les oreilles. Mais ce tourment sans objet se dissipera, vous le savez, dès les premières mesures d'un *Moment musical* de Schubert...

— Vous croyez que c'est facile ! Je n'y peux rien si mes pensées me martyrisent. J'ai l'impression de passer un examen devant un jury spécialement réuni pour m'accuser de désertion, pour punir mon crime à l'égard du piano.

Bien à l'abri dans votre Ford intérieure, les membres du jury s'interrogent *mezza voce*, en chuchotant, comme les choristes dans un opéra.

— Va-t-il, va-t-elle s'y remettre ? Les paris sont ouverts. Va-t-il, va-t-elle...

Et de nouveau vous justifiez, vous argumentez, sans espoir de nous convaincre.

— Il est vrai que j'ai abandonné le piano, mais je n'ai pas perdu mon temps, que diable, je suis devenu ingénieur, cartographe, ébéniste, entomologiste, styliste, pilote d'avion peut-être, j'ai voyagé sur tous les continents, élevé des flopées d'enfants, créé une entreprise, retapé des ruines, publié un livre, soigné mes vieux parents. D'ailleurs je n'ai jamais renoncé à la musique, bien au contraire, je suis même devenu un mélomane averti ; avec la technologie actuelle, rien n'est plus facile que d'avoir les tympans saturés de sonorités extraordinaires. Alors, même si mon piano reste obstinément fermé, ce qui compte, n'est-ce pas, c'est que la musique fait toujours partie de ma vie. Car si je ne joue plus, j'écoute ! Surtout les grands bien sûr, pourquoi se priver ? Un simple mortel doit s'estimer heureux d'être admis à humer les parfums de l'Olympe.

— ?

— Oh, comme vous, j'écoute les mythiques, les historiques, les Samson François, Lipatti, Richter, Horowitz, Perlemuter, Arrau, et bien sûr les supernovæ, les feux d'artifice, les Schnabel, Michelangeli, Pollini, Schiff, Pires, Cziffra, et la déesse Argerich, mais aussi les "miens", ceux de mon palmarès personnel, que j'ai eu la chance d'écouter de près, d'admirer en pleine méditation transcendantale, à Vaucresson, au Moulin d'Andé, à Pieve Asciata, des artistes irréels comme François-Joël Thiollier, Alain Kremski, Irakly Avaliani, Gabriella Torma, Philippe Davenet, Anne-Marie Fijal, ils m'accompagnent un peu partout, dans le métro, au bureau, à la maison, et je peux vous dire qu'il y a de quoi se décourager définitivement, ce sont des prodiges, des chefs-d'œuvre ambulants, inimitables, ils cassent vraiment la baraque, ces gens-là sont des monstres, alors le piano et moi, comment dire, je ne vais pas rivaliser avec eux sans espoir, non, il s'agit d'un autre instrument, d'une autre planète. Bref, pourquoi irais-je m'escrimer à reproduire maladroitement ce qu'ils font en un tournemain, c'est le cas de le dire ?

— Ce n'est pas la question ! Mesurer vos dons à ceux de quelqu'un d'autre est aussi futile que de vouloir établir un palmarès des beautés de la nature. Personne ne nous demande d'imiter les demi-dieux de la salle Pleyel !

— Je vous l'accorde. Imiter les grands, passer un concours, évaluer son niveau, ce sont des objectifs secondaires.

— Extérieurs à la musique.

— Oui, c'est ça, extérieurs. A moins d'en faire sa profession, la pratique du piano ne sert à rien d'autre qu'à faire vivre la beauté, à créer du plaisir.

— Comme l'amour.

— Faire du piano n'est pas utile, c'est "seulement" agréable, intéressant, parfois exaltant…

— Nous touchons au cœur…

— Mais laissons là ces arguties, vous aurez compris que ce n'est pas demain la veille que je vais m'y remettre ! Même si la tentation est forte, pourquoi le cacher ? Depuis mon enfance, le piano et moi vivons un amour à éclipses, une passion en pointillés. Malgré mes infidélités, mes errances, il a conservé sa place unique, celle du confident. Il a tout entendu sans broncher, sans se plaindre, et bien plus fidèlement que mon journal intime. Les élans brisés, les fausses notes, les à-peu-près, mais aussi les victoires miniature, les petits triomphes personnels. Des milliers d'heures passées ensemble, à se raconter des histoires…

— Alors pourquoi cette longue pénitence ?

— Un jour j'ai arrêté, c'est facile. On s'arrange comme on peut. Manque de temps, d'énergie, de courage, de désir, changement de vie, deuil, maladie, chagrin d'amour… Parfois la vie est trop pleine, tout déborde, les amis les parents les enfants les lettres à poster les formulaires à remplir les articles à écrire et puis le ménage les courses la cuisine, et puis l'autobus le métro acheter des fleurs donner une pièce à un ami clochard. Et parfois la vie est trop cruelle, grinçante, tordue.

— Oui, il arrive que le silence soit préférable à une musique automatique ou fausse…

— Vous voyez ! Jouer cinq minutes par-ci par-là, cela n'aurait aucun sens ! Non merci, sans façon !

— Vous avez peur de la première note ?

— S'asseoir sur ce tabouret, jouer quelques mesures, c'est devenu improbable, un exploit inaccessible, comme de franchir le mur du son. Non, je vous assure, mieux vaut annuler complètement cet instrument de torture. J'y arrive ! J'arrive à exclure mon piano de mon champ de vision. Je passe à côté de lui pour aller dans la cuisine, d'accord, mais je fais comme s'il n'y avait rien, là, rien du tout, juste un meuble inutile. Il m'arrive même de le fermer pour poser des dossiers dessus.

— Pourtant, s'il n'était pas là, votre maison serait vide.

— Vous avez raison ! Même les livres, pourtant si bavards, ne suffiraient pas à peupler ce vide.

— Nul ne s'exile sans nostalgie de l'île des Lotophages. Loin du piano vous restez intranquille ! Le piano est cette drogue légitime dont les bienfaits ne font que croître, une drogue qui soigne le corps et l'âme. Mais il ne se laisse pas abandonner sans protester. La nuit, surtout…

— C'est vrai, il y a ces picotements dans les mains.

— Les anciens danseurs, eux aussi, ressentent durement le manque d'exercice, je le sais par Dominique Lafaurie, une ancienne de la troupe de Béjart. Elle ne danse plus depuis de longues années, mais elle a un rendez-vous hebdomadaire avec son *coach*, qui l'aide à faire travailler ses muscles et ses articulations, avec une grande précision, pour éviter les stagnations douloureuses. "Sans ce travail perpétuel, dit-elle, je serais dans une petite chaise." Le pianiste défroqué se sent un peu infirme, lui aussi.

— On dirait que mes mains s'étiolent. Le sang afflue en désordre, l'énergie se disperse... Il est vrai que les tâches ordinaires de la vie exigent rarement – sauf le massage et la caresse ! – une finesse du toucher comparable à celle que demande le piano. Mes muscles ont-ils fondu ? Mes mains ont-elles perdu leur précieuse aptitude à percevoir les moindres vibrations de la touche ? Quand je pense à toutes ces heures autrefois consacrées à l'étude, en pure perte !

— En pure perte, vraiment ? Ne croyez-vous pas qu'elles ont laissé des traces ? qu'elles ont inscrit en vous une mémoire concrète, un savoir-faire, une compétence ?

— Ah, mais la mémoire est capricieuse ! Elle nous présente le film de notre vie comme une collection de miettes à déchiffrer. Avec ces fragments lacunaires, chacun fait son propre cinéma et reconstruit sa biographie selon les besoins du jour.

— Mais la mémoire musicale a des propriétés particulières, elle est inusable comme le diamant. Une fois que vous avez entendu le thème de la sonate en *do* majeur dite *facile* de Mozart, rien ne peut jamais faire que vous ne l'ayez pas enregistrée dans votre mémoire. Vous la reconnaissez instantanément si vous l'entendez à nouveau.

— Ah, cette petite main gauche enfantine, tellement “classique”, qui fait jaillir des traits en sautoirs de perles à la main droite !

— Vous voyez ! Non, croyez-moi, vos études n'ont pas été inutiles, ce qui reste gravé dans vos muscles et vos neurones n'est pas rien, ces empreintes sont fécondes, ces petites pousses peuvent se remettre à grandir. Parions que vous n'avez pas oublié la bonne manière de placer vos mains sur le clavier, ni le minimum syndical en solfège (au moins la clef de *sol* et la clef de *fa*, ainsi que des notions harmoniques et rythmiques). Et il existe certainement dans la mémoire musicale de vos doigts des fragments d'œuvres apprises autrefois. Les palais de notre mémoire sont peut-être lézardés, mais notre souveraineté demeure ; il ne tient qu'à nous de restaurer un chapiteau, une colonnade, de construire un pont suspendu au-dessus de l'abîme du temps, de relire cette sonate, redécouvrir cet intermezzo, ces modulations, ces audaces harmoniques, réentendre nos petits airs de Vinteuil. Alors ? Une petite excursion en direction du Bechstein, du Schimmel, du Gaveau qui vous attend dans la pièce à côté ? Vous aviez laissé en chantier le *Prélude* de la première *Partita* de Bach, ce court chef-d'œuvre accessible aux débutants, pourquoi ne pas lui faire une visite de courtoisie, sans engagement, juste pour voir, pour entendre ?

— C'est sûr, il suffirait que je revienne vers lui sur un coup de tête ou un coup de blues, aussitôt, mon piano se laisserait apprivoiser à nouveau… J'ai les oreilles qui bourdonnent…

— La preuve du pudding, c'est qu'on le mange.

— Mais j'ignore ce qui me reste en mémoire. Existerait-il quelque part dans mon cerveau de vastes entrepôts remplis de musiques oubliées ?

— La seule manière de savoir si le germe est actif, si vos études pianistiques ont laissé une trace, c'est de vous asseoir sur ce tabouret et de jouer quelque chose. Sans peur et sans reproche ! C'est ce qu'a fait une amie peintre, Isabelle Rolin, un après-midi de printemps, à Malicorne. Ayant choisi les arts graphiques, cette artiste bruxelloise n'avait pas touché un clavier depuis trente-deux ans exactement, puisqu'elle venait de fêter ses cinquante ans. Après avoir envisagé une carrière de concertiste, elle avait arrêté le piano le jour de ses dix-huit ans, après des années d'études intensives. Elle regardait ses mains avec consternation. "Il n'y a plus rien là-dedans, je ne saurais plus du tout..." Je lui ai proposé de déchiffrer quelque chose et nous avons traversé la grande cour sauvage en direction du Yamaha électrique. Elle se chargerait de la main droite, la plus facile à lire, je l'accompagnerais à la main gauche.

Elle a choisi une sonate de Beethoven en *do* majeur, craignant d'avoir des difficultés avec les altérations. Très émue, elle a regardé le clavier avec étonnement, puis a démarré au quart de tour, lentement, d'abord en effleurant les touches, mais au bout de quelques mesures son toucher s'est affirmé, il fallait voir le sourire sur son beau visage, et voilà qu'au bout de trois pages elle me pousse du coude, me fait presque tomber du tabouret, elle veut continuer seule, avec les deux mains, sa main gauche se pose sur les touches, tâtonne un peu, et ça y est, voici la sonate qui défile tout entière, certes hésitante, mais intacte pour l'essentiel, quelle surprise !

IV

LES PALAIS DE LA MÉMOIRE

En vérité, nous faisons peu de découvertes aussi agréables sur nous-mêmes. De même que les comédiens, les instrumentistes sont de vivantes archives. Ils ont en stock des quantités de trésors invisibles, analogues aux palais de la mémoire, ces édifices imaginaires que construisaient mentalement les lettrés du monde ancien, et dont Giordano Bruno a fait l'inventaire au XVIe siècle. Un pianiste sait par expérience que cette succession d'accords, à force d'être répétée, en vient à former une sorte de construction immatérielle mais indestructible, une réserve de savoir qui peut être sollicitée à tout moment. Non moins que les fortes impressions de l'existence, ces palais engloutis sont préservés tant que nous sommes en vie. Ils continuent à vivre dans les sous-sols de notre mémoire, mais ne retrouvent leur splendeur que lorsque nous avons le désir et la patience de les restaurer.

Alors, au risque de choquer mes confrères plumitifs, il faut bien dire que la petite madeleine trempée dans le tilleul de Proust, pour un musicien, c'est plutôt de la petite bière. Les musiciens admirent la *Recherche du temps perdu*, mais ne sont guère impressionnés par ce morceau de gâteau qui fond dans la bouche et qui ramène de manière inopinée dans la mémoire vivante du narrateur tout Combray et la vie alentour. Car les musiciens ont à leur disposition de petites madeleines auditives et tactiles beaucoup plus performantes que les gâteaux de la tante Léonie, et dont l'effet d'activation sur la mémoire est garanti. Ils savent qu'il leur suffit de rejouer ce *Prélude* pour retrouver le sel de leur enfance, revivre cet été pluvieux en Bretagne, les embruns fouettant la fenêtre, et le son de crécelle de ce vieux piano d'étude qu'un voisin nous avait prêté. Chaque pianiste tient en réserve un petit trésor intime de morceaux qui sont les "siens" et qui composent une sorte de trame biographique. S'il ne néglige pas de les rejouer périodiquement, ces morceaux finissent par composer un petit répertoire personnel, tout en créant pour la mémoire une sorte de continuum, une expérience de la vie où "Combray" n'aurait jamais été oublié, où les retrouvailles avec notre passé seraient perpétuelles, ou en tout cas à portée de main, à portée de partition.

Il est vrai qu'un lecteur peut toujours retourner à Stendhal ou Dostoïevski pour renouer avec ses premiers enchantements littéraires. Mais le pianiste a cette chance, qu'il partage peut-être avec le comédien, de se trouver en situation de rejouer à volonté ses premiers morceaux, en leur ajoutant la patine de l'expérience. Il a toutes les facilités pour rester concrètement relié aux différents âges de sa vie. Ainsi, il n'est jamais tout à fait séparé de lui-même, et s'il reste exposé à la nostalgie, c'est sans douleur excessive. Un jour, il ouvre cette partition comme on exhume un trésor et c'est parti, voici un air connu qui apparaît sous ses doigts, une musique incroyablement familière, mille fois fredonnée, devenue presque une rengaine à force d'être travaillée, ressassée, analysée.

Il lui semble qu'il possède les clefs de son passé, puisqu'il peut jouer la même musique, retourner à volonté dans ce premier pays. Pendant tout ce temps, il a vécu, grandi, changé, vieilli, il a eu des enfants, il a voyagé, il a été malade, il a joui et souffert, mais sous sa couverture Peters ou Durand et Cie, ce petit morceau de son enfance, *Children's Corner* par exemple, est resté intact, prêt à l'emploi.

V

PICCOLO, PIANO ET COMPAGNIE

QUE LE PIANO soit le roi des instruments, comme le lion est le roi des animaux, mon père ne faisait pas là-dessus de grands discours. Il se contentait de démontrer la capacité de ses dix doigts à tenir lieu d'un orchestre, à remplacer tous les instruments. Effleurant à peine les touches, il lançait : "'Ecoute bien l'alto", ou "Tiens, l'entrée de la clarinette !" et l'illusion était prenante.

Ayant étudié l'harmonie et la composition, il possédait de précieux savoirs en théorie musicale qui sont restés pour moi lettre morte. Combien de fois l'ai-je vu déchiffrer à l'improviste des partitions d'orchestre au piano, épatée qu'il sache lire sans difficulté les différentes clefs d'*ut* utilisées pour les instruments à vent, alors que j'étais déjà bien aise de connaître la clef de *sol* et la clef de *fa*, l'alphabet de l'aspirant pianiste. Une partition d'orchestre comporte en général de nombreuses lignes de texte, parfois une vingtaine, correspondant au jeu de chaque instrument. Le chef d'orchestre qui la "lit" accomplit un exploit inaccessible à l'instrumentiste ordinaire. Il s'agit de lire simultanément plusieurs lignes mélodiques, chacune écrite selon un code légèrement différent. Lire, dans ce cas, ce n'est pas seulement comprendre, c'est entendre. Le compositeur Nicolas Nabokov, que j'ai eu la chance de rencontrer à la fin de sa vie, m'a confié qu'il n'écoutait jamais de disques. Il y avait toujours quelque chose qui n'allait pas dans les interprétations, même les meilleures, c'était agaçant. Il préférait lire une symphonie tranquillement dans son fauteuil. De cette manière il pouvait imaginer l'interprétation qui lui plaisait, les ondes sonores n'interféraient pas avec sa musique intérieure. On ne peut qu'admirer une aussi totale indépendance vis-à-vis de l'acoustique.

J'ai trouvé confirmation de la royauté du piano dans le célèbre disque *Piccolo, saxo et compagnie*, destiné aux enfants, et dont les vertus initiatiques sont bien connues. Dans un cadre bucolique, la famille des Cordes, la famille des Bois et la famille des Cuivres, accompagnées de la famille des Percussions, se rencontrent par hasard, échangent force roulades virtuoses, et se mettent à jouer ensemble. Le petit Piccolo et le petit Saxo sont les meneurs de la bande. Ces garnements se lancent des défis en forme de trilles impossibles dans l'aigu, des questions en forme d'arpèges, des cascades de notes échevelées, ils font des concours de triples croches, malgré les remontrances de grand-mère Harpe, qui tente de calmer leurs jeux avec ses suaves éoliennes.

Peu à peu, le grand orchestre se constitue, j'allais dire sous nos yeux. Les cordes, les bois, les cuivres font reconnaître leur éclatante singularité. Chemin faisant, l'oreille enfantine s'exerce à distinguer le violon de l'alto, le hautbois de la clarinette, la harpe de la guitare, et même le triangle et la grosse caisse deviennent des sortes de copains, faciles à identifier. Or, une rumeur circule dans la foule des instruments selon laquelle un instrument magnifique se serait installé non loin de là, dans la forêt, un instrument capable de faire entendre les sonorités de tout l'orchestre. Les violons n'en croient pas leurs oreilles, les altos et les violoncelles s'extasient, les flûtes et les hautbois leur embrayent le pas, et tout le monde part à la recherche du piano, tandis que grand-mère Harpe, de sa douce voix languissante, proteste contre la longueur du chemin, et que grand-père Basson, gorge profonde, gronde encore Piccolo et Saxo qui font des couacs en forçant leurs aigus.

Sur le bord de la route, la joyeuse troupe rencontre Mlle Guitare, solitaire et romantique, qui ne s'intéresse guère à ce nouvel instrument vanté par la rumeur et refuse de se joindre à eux, préférant poursuivre son errance. Elle s'éloigne donc, élégante et sensuelle, non sans lancer un adieu déchirant à ses amis. On devine qu'elle va s'attarder sur les places publiques, au bord des rivières, dans des ambiances de beuverie et de flamenco.

Les instruments passent donc leur chemin et continuent leur périple tandis que Piccolo et Saxo, en tête de cortège, continuent à rivaliser de périlleuses acrobaties musicales. Et tout d'un coup, la joyeuse compagnie arrive à la lisière de la forêt, et là, tout le monde se tait, l'instant est solennel.

Qui est là, seul dans la clairière, à jouer cette splendide musique ? C'est lui, Sa Majesté le piano, le lion de l'orchestre qui déploie ses sortilèges, qui secoue sa crinière d'acajou dans le soleil. Tous les instruments restent cois. Le piano s'en donne à cœur joie, l'émotion est à son comble. "Dans l'espace de sept octaves, écrit Franz Liszt, le piano embrasse l'étendue d'un orchestre, et les dix doigts d'un seul homme suffisent à rendre les harmonies produites par le concours de cent concertants."

J'étais fière d'avoir une relation spéciale avec ce grand personnage. Puis les instruments, timidement, se mettaient à répondre au piano, l'un après l'autre faisait entendre sa petite chanson, enfin l'orchestre au grand complet prenait son envol. J'ai dû réécouter des centaines de fois mon vieux vinyle à pochette multicolore, à la sonorité craquante, que je nettoyais scrupuleusement, dans la terreur d'une rayure fatale.

Et chaque fois, à cet instant habilement programmé, à la lisière des arbres, quand le piano se faisait entendre, j'avais la gorge nouée, les yeux piquants. Je m'y voyais déjà.

VI

MARCHER SUR LES MAINS

CE N'EST PAS difficile d'entrer dans le jardin du piano. Tu ouvres la porte avec le *do* à serrure… Tu n'oublies pas les dièses ou les bémols indiqués à la clef (on trouve rarement les deux à la fois), tu vérifies les indications de mesure et de vitesse, et voilà, tu poses tes doigts sur les touches, tu te lances, tu chantes et tu danses, tu avances d'un bon pas, tu arpentes les sous-bois sans te perdre dans les buissons de notes, tu fais concurrence aux oiseaux, tu te reposes aux points d'orgue, tu respires le bon air de la musique.

Célébrons la merveilleuse hospitalité du piano. Entrée libre ! Il suffit d'appuyer sur les touches pour les entendre chanter, pas de raison de s'en priver ! Le marteau frappe la corde puis retombe, la laissant résonner. Rien de plus simple ; même avec de tout petits doigts, n'importe qui peut faire les grondements de l'orage ou les gouttelettes de la pluie. L'aspirant pianiste a bien de la chance, il n'est pas obligé, comme le violoniste, de produire lui-même ses notes en les arrachant à la corde après des semaines de grincements, d'un coup d'archet glissé de haute lutte. Il n'a pas, comme le flûtiste, à positionner ses lèvres pour diriger la colonne d'air sans laquelle il n'y aurait pas de son.

Dans *Sylvie et Bruno* de Lewis Carroll, les petits héros découvrent une porte secrète qui mène dans un jardin. Ils s'y promènent "de fleur en fleur, comme s'ils lisaient ensemble une longue phrase où les baisers étaient des virgules et une grande étreinte le point final, au fond du jardin". Mettez des soupirs à la place des virgules, des croches à la place des guillemets, un grand accord à la fin, et le tour est joué, nous y sommes, en route pour la grande étreinte, *andiamo a fare una passeggiata* !

La pratique musicale est cette longue promenade sur une montagne de plus en plus pentue et rocailleuse où les fleurs, en extrême altitude, deviennent immortelles. Le parcours est fléché, mais il est possible aussi de s'égarer pour mieux se retrouver. Un phrasé vient à chanter comme l'eau du torrent sur les galets, et en retour l'image du torrent bondissant rend nos doigts plus légers, plus sûrs. Sans quitter notre tabouret, nous marchons sur les mains, nous circulons dans la jungle des siècles, nous découvrons des perspectives, des clairières, des ravins. Extirpées du fond du clavier, des couleurs inattendues apparaissent, des bifurcations sensibles, de grandes cascades…

En principe, la promenade est quotidienne et à heure fixe, mais certains d'entre nous n'obéissent en vérité à aucune règle préétablie, et ne s'installent au piano que lorsque le fameux picotement dans les phalanges les y pousse. Le but du jeu ? Favoriser la répétition du caprice, la renaissance du désir.

Un matin d'hiver de mon enfance disparue, les senteurs du feu de bois de la veille flottent encore dans le grand salon de Vaucresson quand je décide de revisiter cette page de Mozart, déjà souvent travaillée, mais délaissée depuis quelques semaines, un chantier abandonné parmi d'autres. Beaucoup trop longtemps, à en croire l'état des lieux, rien ne va plus, mes doigts mous et patauds accentuent de travers, les fausses notes se multiplient, il y a même des pâtés, des ratés, tout cela manque de grâce, pauvre Mozart, je suis au bord de la crise de nerfs, avec l'impression de patauger dans la semoule ou, plus gravement, d'errer dans un champ de ruines. Mon père, qui passe par là, se met à rire de ma mine déconfite.

— Ne vise pas la fin du morceau comme si c'était le but à atteindre ! Prends ton temps, souffle-t-il, puis il se met au piano et joue sans se presser un autre début de sonate dont il fait scintiller les raretés.

Mon père donnait des conseils mine de rien, sans insister.

— Tu fais des fausses notes ? Ce n'est pas grave, si la musique est juste. La preuve !

Rires. Et en effet, il lui arrivait de tomber à côté. Cependant, malgré les imprécisions dues au déchiffrage, sa musique était juste, Mozart réincarné flottait là, près de nous, dans le grand salon, et son être volatil se mêlait à l'odeur persistante du feu de bois.

— Le piano, c'est la fête promise.

En somme, il était interdit de se décourager. Je rejouais donc mon petit morceau, et je m'apercevais alors que mille événements miniature se produisaient en cours de route. Patiemment, passionnément, mon père les écoutait naître sous mes doigts. J'apprenais à être attentive aux transitions, aux changements d'éclairage, aux modulations, j'examinais les ornements, trilles et autres fioritures, avec l'impression d'expertiser des diamants.

— A propos, la musique de Mozart n'est pas la personne de Mozart et ne raconte pas sa vie.

La musique est un langage à part entière, qui se suffit à lui-même, un langage intraduisible. André Boucourechliev a consacré à cette question un livre très musical, écrit de l'intérieur, avec l'encre du compositeur * : "Il est convenu de dire que la musique exprime des sentiments – et ceux du compositeur en particulier. Or tout le malentendu vient de cette idée. Il est plus juste de dire qu'elle en *engendre*."

Ce dont "parle" la musique ne recouvre pas ce dont parlent les mots. La musique excède le langage qui la dépasse par ailleurs. Ainsi les mots et les notes se croisent sans se toucher, même dans les lieder, même dans *Le roi des Aulnes* de Schubert. *"Wer reitet so spät durch Nacht und Wind / Es ist der Vater mit seinem Kind...* " Sans les paroles, joué par une clarinette ou un violoncelle, le chant perdrait de son contenu narratif, mais pas une once de sa splendeur angoissante, et nous transporterait tout aussi loin, à travers la nuit et le vent. Prononcé par un comédien, sans musique, le poème de Goethe conserverait lui aussi toute sa puissance intrinsèque, sa force de tragédie immémoriale.

* Pour les références des ouvrages cités, voir p. 275-276.

Nous sommes tissés de ce dialogue nocturne entre l'âme et l'esprit, le désir et la pensée.

Ce que raconte la musique ne peut se raconter que de cette façon-là, en musique, et ne peut être traduit en paroles que de façon grossière et approximative. Ce que "dit" une mélodie de Schumann ou de Fauré au pianiste qui l'explore ne se trouve dans aucun livre sur Schumann ou Fauré, aucun traité de musicologie. Non que cela soit ineffable ou indicible, c'est autre chose, voilà tout. Autre chose d'infiniment précis. La musique s'occupe de l'émotion, de l'attente, de la nuance, de l'harmonie, du rythme, du mouvement, du silence, de la lumière, de tout ce qui ne se laisse pas appréhender par les mots.

— Quand tu joues du Mozart, tu ne penses pas à ce garnement de Wolfgang Amadeus. Tu es retenue en apesanteur par sa musique. Tu ne penses pas à sa brève destinée, au film de Miloš Forman, à Constance, Leopold, Nannerl, Salieri, Vienne, Salzbourg et les autres. Tu ne penses même pas à l'énigme du Commandeur dans *Don Giovanni*, ni au message maçonnique de *La flûte enchantée* ; tu ne t'interroges pas sur le mystère de l'homme en noir qui est venu commander le *Requiem*, tu ne médites pas gravement sur le mystère du génie. A vrai dire tu ne *penses* pas à telle ou telle chose. Tu entends, tu reçois, voilà tout. Lumière, joie, amour… Ah, comme les mots sont rares et pauvres, à côté des nuances de Mozart !

A vrai dire on ne peut nommer ce qui danse ainsi. La musique de Mozart fait sourire et pleurer les gens qui l'écoutent. Tout d'un coup, ils ne sont plus seuls au monde, ils se sentent aimés malgré tout. Ils sont invités dans le rêve d'un mort et ce n'est pas triste. En cela surtout Mozart est unique. Pour cet amour répandu au hasard, et jusqu'à mon père, oui, jusqu'à nous.

VII

AH, LES FAUSSES NOTES !

NOUS sommes en général assez peu conscients de ce qui nous a été transmis, si bien que nous continuons à chercher, sous différents visages, ce que nous avons déjà reçu depuis longtemps. Nous nous prenons pour des électrons libres, des éclaireurs, des novateurs lestés d'une expérience unique, nous croyons ouvrir une voie originale. Or, nous avons l'impression, parfois grisante, de découvrir ce qu'en fait nous reconnaissons.

Il faut croire qu'un message était passé, dès l'origine, dès nos premières leçons. Nous avons tout de suite *entendu* que l'étude du piano, si frivole qu'elle puisse paraître, était la voie royale non seulement vers la musique, mais encore vers nous-mêmes. Nous avons appris que chaque note avait sa nécessité, sa logique, sa valeur relative à l'intérieur d'un ensemble.

Même les silences, soupirs ou points d'orgue, étaient de la musique. Rien dans une partition ne devait être omis ou méprisé, pas une phrase musicale n'était indifférente.

— Ne néglige aucun détail, le moindre crescendo mérite une mise au point, une écoute attentive, un travail de précision. Souviens-toi que ton but n'est pas d'épater la galerie mais de faire sonner ce piano comme tu le désires, de verser dans nos oreilles cette musique que tu aimes.

Il était donc inutile de travailler de façon mécanique, même les passages difficiles. Le sentiment musical n'était pas une décoration que l'on pouvait rajouter à la dernière minute, mais la substance même de l'œuvre étudiée. Il n'y avait pas d'un côté la "technique", le mouvement automatique des doigts répondant à la littéralité du texte musical, et de l'autre les émotions, les nuances, les envols méditatifs. Le travail dit technique n'avait d'autre objectif que de donner à la musique les moyens de son envol. En vérité, pour jouer une œuvre comme elle le méritait, il fallait d'abord l'écouter, puis apprendre à l'aimer.

N'ayant jamais fréquenté les conservatoires, j'ai bénéficié d'une initiation polyphonique, un vrai festival. Dans mon enfance, à côté de l'enseignement ludique de mon père, j'ai eu la chance d'être formée aux principes généreux de la méthode Martenot, puis d'entrevoir la sagesse austère de Marie Jaëll, sans oublier les leçons de Mme Mitrofanoff et les cours vivifiants d'Hélène Boschi, inégalable spécialiste de Bach. A l'âge adulte, après une longue interruption dans ce parcours à épisodes, j'ai eu le privilège de suivre dix années d'une formation passionnante avec le compositeur André Boucourechliev, ex-concertiste, dix années qui ont consolidé en profondeur ma relation avec le piano. Plus tard, j'ai assisté aux *master classes* d'Elisabeth Sombart, grâce à qui j'ai osé approcher la dernière sonate de Chopin, un torrent de musique dans lequel je n'ai pas fini de m'ébrouer. Quelques cours prodigieux reçus d'Ethery Djakely, héritière de la méthode Jaëll, ont suffi à modifier radicalement ma manière d'enfoncer les touches, et notamment ma façon d'utiliser mes pouces. Quant aux métaphores de Gabriella Torma, elles transforment la technique en ferveur, c'est tout dire.

Oui, l'initiation aussi est une polyphonie. Plusieurs voix, chères et concordantes, nous ont indiqué le même chemin, la même attitude, avec des variantes, répétant sans relâche quelques préceptes essentiels, chaque fois adaptés à l'œuvre en cours, et dont le sens profond ne se dévoile que peu à peu. Faire chanter le piano, jouer au fond des touches, ne rien penser séparément, respecter les rythmes et les altérations, être attentif aux basses, etc. Et, surtout, ne pas bouder son plaisir, le plaisir de musiquer sans lequel ce qui précède n'aurait aucun sens. Ces exigences ont pris racine dans notre caractère sans que nous y prenions garde, telle une graine de sagesse increvable, capable de survivre à l'extrême disette.

Les véritables maîtres, ceux qui nous modifient, impriment en nous la quintessence de leur savoir, puis ils passent la main et disparaissent. Ou bien, comme l'écrit François Cheng : "Un maître s'impose à son disciple, lui donne tout, puis s'efface pour que le disciple devienne lui-même."

— Surtout ne te déprécie pas, ne te lamente pas sur tes insuffisances. A chacun son niveau, ses plaisirs, ses lacunes. Au piano, c'est toujours la première fois. Cette sonate, mille fois travaillée, t'apparaît comme un sentier impraticable, plein de ronces et de gravats ? Imagine sa forme parfaite, examine chaque mesure à la loupe, rectifie les erreurs, et surtout les imprécisions, qui sont pires que les fautes, car elles tendent à persister indéfiniment. Grandis en rigueur et en liberté, un jour tu la joueras sans hésiter. Tu ressentiras une joie sans mélange, à la mesure de tes efforts. Puis ce mini-triomphe te paraîtra dérisoire, tu l'oublieras en découvrant de nouveaux passages rebelles, dans une autre sonate, sur lesquels tu t'acharneras pendant des heures et des heures, jusqu'à ce que…

A la vérité, je ne sais plus qui m'a dit ceci ou cela, je ne sais plus à qui furent ces voix, je ne sais plus d'où viennent ces paroles lumineuses, tant elles se sont incrustées dans mes nerfs, incorporées à la substance de mes jours.

— Ecoute ce que tu joues !

Cela paraît simple, mais il faut parfois une vie pour le comprendre. Pour relier enfin le geste à l'ouïe ! Car le plus souvent, n'est-ce pas, nous écoutons ce que nous voulons entendre.

— Tu viens du dehors, tu as les mains froides ? Réchauffe-les quelques secondes sous l'eau tiède, c'est bon de les sentir revivre, les voici prêtes à l'emploi. Bien entendu, tu as les ongles courts. Rien de plus horripilant qu'un petit bruit de claquettes persistant sur les touches.

Renoncer, donc, aux griffes vernissées de rouge des ongleries à la mode. *Good riddance !*

— Respire lentement… Regarde le clavier comme le voyageur examine le paysage qu'il s'apprête à explorer. Prends ton temps ! Attends d'être calme… Tu entends déjà cette musique qui peuple le silence, cette musique à venir sous tes doigts. Ecoute tes moteurs qui ronronnent, ton pouls, ton cœur, ton souffle. N'oublie pas que tu te prépares à un grand plaisir. Si possible, essaie d'en jouir par anticipation…

Les danseurs, les sportifs, les comédiens la connaissent bien, cette tension particulière de l'instant qui précède le saut dans le vide.

— Tu consolides ton assise, tu équilibres tes hanches et ton dos, de manière à libérer tes coudes pour alléger tes bras qui deviendront bientôt des ailes. Tu places ton pied droit en attente, lui aussi, au-dessus de la pédale, attentif et mobile, en éveil, toujours prêt à se relever pour éviter les mélanges inharmonieux. Tes mains au-dessus du clavier te paraissent larges et puissantes, même si de l'extérieur elles peuvent sembler toutes petites.

— Tu cherches l'or du temps, la juste résonance.

— Ton seul but en cet instant est de faire chanter ce piano comme ton oreille le désire.

— Tu respectes les silences qui donnent à la musique son cadre temporel, sa respiration.

— Tu ne te contentes pas de faire défiler les notes sur le clavier, tu écoutes ce qui les relie, ce qui les anime.

— Ta main gauche sait très bien ce que fait ta main droite, et réciproquement.

— Avec les doigts, les yeux, les oreilles, tu écoutes les harmonies qui naissent grâce à toi, malgré toi, à travers toi.

— Tu n'as rien à prouver, rien d'autre à faire que de moduler la rencontre entre le bout de tes doigts et la surface des touches, de contrôler l'intensité de chaque note à l'intérieur de la séquence qui la contient.

— Il est parfois plus utile de savoir que cet accord de trois notes comporte deux touches noires et une blanche, et de se familiariser avec la position des doigts à ce moment-là, que de connaître le nom des trois notes.

Il s'agit d'une sagesse très pratique, issue de l'expérience, et non seulement de la tradition. Elle recommande à chacun de choisir un morceau réalistement adapté à son véritable niveau, une page assez simple pour être apprise et travaillée par cœur, et jouée sans terreur dans le tempo voulu devant n'importe quel auditoire. Mais que cela ne nous prive pas de courtiser, même en secret, de préférence avec la sourdine par compassion envers l'entourage, quelques monuments, les beautés divines, la *Fantaisie en do mineur* de Mozart, les *Ballades* de Chopin, le *Carnaval* de Schumann, la *Waldstein*, *Sospiro*, *Gaspard de la nuit*…

— Contempler les sommets, c'est déjà s'en approcher.

— Tu fais des fausses notes ? Ah, les fausses notes ! Il est indispensable d'en faire, comme de tomber de cheval ou d'avoir la varicelle. Ne pas s'énerver, ne dire ni *pardon* ni *zut*. Recommencer tranquillement, et peu à peu dénouer la pelote.

Eh oui, on pourrait dire que l'apprentissage du piano n'est rien d'autre qu'un long processus de correction des erreurs, d'élimination des fautes. Fautes de lecture, mais aussi fautes de goût ! Elles sont inévitables au début…

Il est quatre heures du matin, l'usage du piano silencieux s'impose. Coiffons notre casque, personne ne nous entend, quel délice, toutes les audaces sont permises, patauger sans peur et sans reproche dans ce passage difficile, se livrer à une improvisation endiablée… Et saluons cette invention géniale, car même les grincheux ne peuvent plus nous servir d'excuse.

VIII

LE DÉMON DU TRAC

LE TRAC est un vilain rongeur qui s'accroche aux entrailles, paralyse la pensée, assèche les élans, coupe la respiration, entrave le passage de l'énergie musicale. Il ne se laisse pas cajoler avec des formules apaisantes, des cataplasmes de pensées positives, des incantations à la docteur Coué. Le trac sanctionne impitoyablement le test infaillible que représente la présence d'un public.

Le trac ne sert qu'à révéler nos faiblesses, ce qui n'est pas un bénéfice secondaire. Cependant, quoi que nous ayons envie de croire, il n'est pas une sorte de piment, un surplus d'émotion à convertir en sensibilité musicale, mais une onde destructrice, féroce, négative. Le trac ne mérite que d'être détruit, dépassé, vaincu, peut-être remplacé par une sensation plus féconde.

Les grands artistes se vantent parfois d'avoir un trac terrible. On sait que Sarah Bernhardt répondit à une jeune comédienne qui ne connaissait pas ce supplice : “Ne vous inquiétez pas, ça vous viendra avec le talent.” La formule est piquante, elle amuse les théâtreux, mais elle est fausse hélas, trois fois hélas ! Car le trac, je veux dire le trac lancinant, écrasant, affolant, dont certains d'entre nous ont éprouvé la puissance annihilante, eh bien il n'a rien à voir avec le talent.

La pathologie singulière du pianiste amateur se nourrit de souvenirs humiliants qui jalonnent son parcours, vous me permettrez de ne pas épiloguer là-dessus. Les déceptions sont inévitables, c'est seulement à l'épreuve du feu que l'on peut évaluer la solidité du travail en cours.

Peut-être le trac est-il le symptôme d'un narcissisme blessé, représentant les restes pitoyables d'un idéal inaccompli. Semblable à l'écrivain qui aurait voulu être Flaubert ou rien, le pianiste amateur qui se prend pour Lipatti ou Serkin s'expose à un échec cuisant, rendu plus spectaculaire par l'irruption volcanique du trac, qui se met à gronder sans prévenir, au pire moment, attiré par notre sueur d'angoisse comme un prédateur par l'odeur du sang.

Le trac a des causes multiples, qui tiennent en grande partie à l'inexpérience de la scène et au manque de préparation. A partir d'un certain niveau pianistique, le trac tend à reculer car l'essentiel au moins est assuré, les notes et les rythmes au moins sont à peu près justes. Ceci est rassurant, mais ne signifie rien. A partir de ce socle technique, la qualité de l'interprétation peut varier du médiocre au sublime.

Non, je ne peux croire que la grande Sarah, au sommet de sa gloire, ait encore souffert de cette terreur qui frappe le pianiste amateur directement aux articulations, entre les phalanges, lui liquéfie les neurones et le rend débile dans l'instant. Avant de se produire dans *Phèdre*, elle devait être émue, bien sûr, peut-être même affreusement angoissée. Mais face au public, elle se retrouvait dans son élément, libre de son jeu, et le trac était oublié, renvoyé dans les cintres. Les grands artistes, comme les champions olympiques, sont les maîtres de l'instant, ils donnent le meilleur à ce moment-là, et quoi qu'il arrive. Le public n'est pas pour eux une collection d'ennemis acharnés à leur perte, ni un abîme rempli de souffles inquiétants et de regards acérés, mais un gros animal qu'il est possible d'apprivoiser, de caresser dans le sens du poil, d'hypnotiser, au point de l'entendre gémir de plaisir. Prenez le personnage de Jean Echenoz, dans son roman *Au piano*. Il s'agit d'un concertiste professionnel qui voudrait boire un coup pour calmer son angoisse avant le concert. Il tente vainement de fausser compagnie à son *coach* qui le suit partout comme une duègne, et l'empêche d'entrer dans les bistrots du quartier. Tout le début du livre est construit sur cette panique, cette irrésistible montée du trac, et l'on craint le pire pour le pauvre pianiste. Mais quand on le pousse enfin sur la scène et qu'il se retrouve devant son instrument, la peur lui tombe des épaules et il se met à jouer son programme sans aucun problème. Il a bien de la chance !

L'amateur rongé par le trac ne trouve, lui, aucun soulagement au fait d'entrer en scène. Peut-être a-t-il justement renoncé à une carrière de concertiste pour ne pas avoir à subir ces instants d'épouvante. Il ne devrait pas être ici, devant tous ces gens qui l'attendent au tournant. Ce n'est pas son métier après tout. Les pensées parasites commencent à faire leur sale travail.

— Ce matin je la jouais très bien, cette *Etude*, il n'y a pas de raison. Je vais l'expédier, ils vont voir. Tiens, j'ai oublié d'appeler Untel, c'est embêtant. Je vais jouer vite, que ça ne dure pas trop longtemps. Les pauvres, ils vont s'ennuyer…

Voilà comment le rêve commence à virer au cauchemar.

— *Ne vise pas la fin du morceau comme si c'était le but à atteindre !* crie le chœur antique, mais l'amateur fou d'angoisse n'entend plus rien, devient sourd à sa propre voix.

Le voici sous les feux de la rampe et voici la peur qui monte encore, lui saute au visage et commence à l'étrangler. Le trac est un puissant projecteur. Sous sa lumière impitoyable, comme sur une vitre sale traversée par le soleil du matin, tous les défauts sont apparents, toutes les lézardes, les fondrières, les approximations, les erreurs. Jusqu'à la dernière note, le pianiste doit rester ainsi, seul au monde, devant les regards de tous, exposé aux morsures d'une terreur qui dénature le sens de ses gestes. Une terreur qui donne juste envie de pleurer dans le noir. Qui ne connaît pas l'angoisse du pianiste amateur avant (et pendant !) une audition n'a rien vécu en matière de sensations fortes.

Grâce à notre bonne fée, la pianiste Gabriella Torma, un petit groupe de musiciens dispose d'une salle, un soir par semaine, dans un hôpital parisien. Amateurs et concertistes viennent ici pour tester leur niveau, préparer un concours, écouter les conseils mélodieux de Gabriella.

— Tu navigues en pleine mer, tu ne résistes pas, tu te laisses porter par les vagues de la musique, tu fermes les yeux, d'accord ?

Contrairement aux apparences, les métaphores de Gabriella sont des conseils techniques très précis, des secrets de virtuose, et chacun les entend ainsi. Une image, un paysage correspondent à un geste, à une pesée, à une manière spécifique de caresser les touches pendant ces quelques mesures-là.

— Je dois jouer ce soir, mais je suis seulement amateur !

Affolement de L., une jeune femme émouvante, obstinée, dingue de piano, habituée des stages d'amateurs. Elle a souvent l'occasion de se produire en public, mais elle a toujours aussi peur. L. se déclare "pianiste, mais seulement amateur !" avec une fierté désespérée, avant de vous dire son nom, comme on porte plainte en justice.

Tandis qu'elle bavarde pour essayer de tenir en lisière le vilain rongeur, L. sent les nuages s'amonceler devant ses yeux qui quêtent encore notre indulgence envers les fautes qu'elle ne manquera pas de faire tout à l'heure, sans réaliser que nous aussi, nous avons peut-être besoin d'indulgence. Peut-être même avons-nous aussi les mains qui tremblent.

— A la maison, j'y arrive très bien…

En effet, c'est le grand classique du trac ; seule dans son salon, sur son propre piano, L. joue sans hésiter ce *Prélude* et cette *Fugue* de Bach, ainsi que la troisième *Ballade* de Chopin. Mais voici qu'elle s'installe au piano dans une position instable et se lance hardiment devant ce public amical. Démarrage en douceur. Un toucher bien affirmé, une musicalité à fleur de peau, un répertoire longuement préparé. Hélas, l'angoisse lui revient par surprise et lui monte peu à peu jusqu'à la racine des cheveux, une angoisse irrésistible et contagieuse, un reflux qui lui décolore les mains, qui lui fait pencher la tête, sa chevelure retombe en masse devant son visage comme les branches d'un saule, et voilà que la musique hésite, voilà que des passages s'effondrent sous ses doigts, voilà que sa mémoire la trahit, ses mains dérapent, attention à l'accident ! Nous qui l'écoutons, qui la voyons perdre pied (ou plutôt perdre mains !), nous souffrons avec elle, à en avoir le cœur qui tambourine, à en avoir mal dans les doigts. Ce cauchemar éveillé, nous le revivons aisément pour l'avoir souvent vécu, ce supplice nous est atrocement familier.

Pendant des décennies, chaque fois qu'il s'est agi de jouer du piano en public, j'ai souffert des affres d'un trac littéralement paralysant, qui débarquait comme un tsunami sous la forme d'une bouffée de sueur accompagnée d'une sensation de brûlure à la poitrine, d'une lourdeur d'estomac, et s'attaquait directement aux doigts et aux mains, mais aussi à l'esprit, un trac effrayant qui vous embrumait le ciboulot, vous ratiboisait la cervelle, vous entamait l'intelligence et vous bouchait les oreilles, alors j'oubliais tout ce que j'avais appris, et même cette musique tant aimée n'avait plus aucun sens, aucun charme, aucune importance. Ce trac malin faisait parfois semblant de disparaître pendant quelques mesures avant de revenir sous la forme d'une obstruction mentale, d'une pensée obsédante, *arriver à la fin de ce satané morceau, que cette épreuve s'arrête, qu'est-ce que je fous ici, sur ce tabouret ridicule, attention au* mi *bémol que je rate une fois sur deux*, le pire étant la pensée compatissante envers mes auditeurs, *comme ils doivent s'ennuyer, les pauvres, heureusement ce morceau ne dure pas trop longtemps.*

Peut-on vaincre le trac ? le mettre dans sa poche avec son mouchoir dessus ? Il existe paraît-il des médicaments, dits bêtabloquants, qui ralentissent le rythme cardiaque et vous aident à rester serein, mais faut-il se priver totalement de cet afflux d'adrénaline qui rend la vie passionnante et le piano désirable ? Comment détruire la peur sans attenter à la sensibilité, sans ramollir le toucher ? En vérité, il n'y a pas de recette, ou alors cela se saurait, on ferait fortune ! Non, pour en finir avec le trac, il n'y a d'autre solution qu'un travail constant et obstiné, ponctué par une exposition répétée au jugement d'autrui, sans laquelle nos progrès resteraient virtuels, comme les poèmes d'un gardien de phare. A chacun de recréer, à sa mesure, les conditions de cette épreuve du feu permanente qui forge les concertistes.

Se munir d'un auditeur à domicile est encore la meilleure solution. Au fil des années, quelques mélomanes indulgents ont bien voulu jouer pour moi ce rôle de l'auditeur qui en redemande. Ma gratitude à leur égard est immense car voici que le monstre, enfin, desserre quelque peu son étreinte. Une fausse note, il paraît que ce n'est pas la fin du monde.

IX

SACRÉ SOLFÈGE !

A PROPOS, ne t'inquiète pas pour le solfège, car l'appétit de précision vient en jouant. Tu l'aimeras, probablement, comme tu aimes peut-être l'orthographe. Qui écrit des lettres la respecte, qui écrit des poèmes lui voue un culte. Pas plus que l'archer zen ne rate sa cible, le poète ne fait de faute à *dilemme* ou à *insouciant*. Le solfège, c'est la règle du jeu de la musique, mais pour l'instrumentiste, c'est d'abord un filet de sécurité, un étalon, une référence. C'est ce qui permet d'établir l'exactitude de son jeu, la fidélité au texte. Car bien entendu, sans une exactitude maniaque, toute interprétation est une fantaisie ou une trahison.

Comme le bricolage, le solfège s'apprend très bien sur le tas, dans la foulée, dans l'élan de la musique. A la faveur d'une gamme ou d'un arpège dans une sonate de Mozart, par exemple, tu études la tonalité de *sol* majeur ; tu joues à planter des accords de *sol*, puis à les renverser sur toute la surface du clavier, et peu à peu cette tonalité de base te devient familière, un précieux savoir qui te reste acquis à jamais. Et ainsi de suite, chaque morceau étudié t'apporte une brassée de connaissances, et tu t'aperçois un beau jour que tu connais les principes du solfège comme M. Jourdain connaissait la prose. Ce jour-là tu peux t'offrir une couronne de laurier, car tu te trouves en possession d'un nouveau langage, d'une nouvelle écriture.

Au passage, grâce à Mozart et à sa petite sonate, c'est avec jubilation que tu découvres, par exemple, que le *fa* dièse, unique altération de la gamme de *sol* majeur, est aussi la première altération de la fameuse série harmonique des dièses, qui montent de quinte en quinte : *fa do sol ré la mi si.* Car en musique, selon une loi physique élémentaire, certaines notes sont mystérieusement reliées entre elles par les ondes qui se propagent de quinte en quinte. Le *do* contient et cache le *sol*, qui contient et cache le *ré*, qui contient et cache le *la*… Tous les élèves de musique ânonnent cette séquence fondatrice – qui devient par symétrie, une fois renversée, la succession descendante des bémols : *si mi la ré sol do fa.* Désormais tu n'oublies plus les propriétés de ce *fa* dièse, ces informations restent enregistrées dans ta mémoire longue. Puis tu t'aperçois que la seconde partie de cette sonate est justement écrite en *ré* majeur, l'occasion d'étudier une nouvelle tonalité…

Malgré sa mauvaise réputation, le solfège n'est ni une théorie desséchée ni un instrument de torture, mais un escalier vers le ciel. A mesure que le filet de tes connaissances s'étend à de nouvelles tonalités, l'harmonie générale du système t'apparaît, et soudain tu te sens effleuré(e) par la grande aile de Pythagore, le théoricien antique de l'harmonie des sphères. Oui, tu finis par lui trouver du charme, à ce solfège tant décrié.

Sylvie Habault me demande *à quoi ça sert, le solfège, finalement, puisqu'on arrive très bien à jouer toutes les deux sans lui*. Cette remarquable comédienne (elle anime avec Guy Faucon la troupe de la Pie-Rouge) est aussi une chanteuse de cabaret à la voix rauque et prenante. Comme elle ne manque pas de souffle, elle s'est initiée récemment au tuba, ou précisément à l'euphonium, dit aussi saxhorn, un somptueux instrument de cuivre à la facture labyrinthique et au large pavillon. Elle excelle à tirer de ce mastodonte des sons d'une douceur extrême. De temps en temps, Sylvie me laisse le tuba en résidence pendant quelques jours. Il attend son retour dans la salle à manger. Posé nu sur un coffre en bois, il attire la lumière avec l'arrogance d'une divinité, tandis que les statuettes africaines de Harry, bouches béantes, lui font comme un chœur antique.

Nous travaillons ensemble de surprenants duos piano-tuba, piochés dans Chopin, Schubert, Mozart, Duparc et autres. Notre morceau fétiche n'est autre que l'*Adagio* d'Albinoni, dans une interprétation qui stupéfie littéralement nos auditoires, d'ailleurs triés sur le volet. Notre alliance a été scellée à tout jamais pendant l'après-midi du 1er janvier 2003, dans le Théâtre du Moulin d'Andé, au cours d'une performance improvisée qui est restée dans les mémoires comme étant la plus drôle du nouveau siècle.

En solfège, cette musicienne instinctive est une autodidacte. Sylvie a mis au point son propre système de notation musicale, sur de petits cartons cabalistiques qu'elle est seule à pouvoir déchiffrer. Le nom des notes est inscrit en majuscules, des virgules notent mystérieusement les rythmes, il y a aussi des points rouges ou noirs. Sylvie note à l'oreille, et puisqu'elle ne comprend pas à quoi servent les bémols, elle ne note que les dièses.

C'est amusant, ce système, une curiosité, et nous nous débrouillons très bien, finalement, mais cela pose tout de même quelques problèmes ; par exemple, je lui propose de travailler un passage qui commence par un *si* bémol. Comme elle n'a pas de *si* bémol sur son petit carton, elle ne trouve pas l'endroit. Je lui joue le passage au piano, et comme elle ne manque pas non plus d'oreille, elle se frappe le front, ah oui bien sûr, tu veux dire le *la* dièse ! C'est l'occasion, je lui réponds que le solfège sert justement à ça, à jouer ensemble, à se comprendre, à se repérer sur une partition.

Le solfège est cette écriture qui nous permet de capter sans déperdition le message musical que les génies du passé ont souhaité nous transmettre. Le solfège, c'est l'orthographe, la grammaire de la musique. C'est l'exactitude au service de l'art, la rigueur au service de l'inspiration. La structure inébranlable qui permet toutes les libertés. Qui aime Schubert refuse de le maltraiter avec un rythme pataud ou des altérations intempestives.

Le solfège est donc indispensable. Raison de plus pour ne pas le rendre fastidieux alors qu'il peut être l'occasion idéale d'instruire en amusant. Seul le plaisir de la pratique donne un sens à ces notions abstraites, à ces harmonies mathématiques. Il n'y a aucune raison pour que la découverte de l'univers sonore ne soit pas une fête, aussi excitante qu'un récit d'aventures dans la jungle. Jouer à faire du bruit, produire des sons de toutes sortes, avec des clochettes, un xylophone ou une guimbarde, mais aussi bien une casserole, un balai ou une collection de verres à moitié remplis, et bien sûr avec la voix. Que l'apprentissage soit un jeu, une initiation à la résonance, aux rythmes, à la percussion, à la variation des hauteurs, des intensités, une exploration concrète et amusante des instruments disponibles. Evitez donc d'infliger à vos enfants les deux années de solfège extra-dry qui leur sont proposées par les écoles de musique. Ou alors, mettez-leur en même temps l'instrument qui leur plaît dans les mains.

Le célèbre violoniste et compositeur Didier Lockwood rêve d'éviter aux enfants ces frustrations inutiles. "L'apprentissage du solfège est nécessaire, bien sûr, mais pourquoi en faire une torture préalable, au risque de décourager les enfants, alors qu'ils n'ont pas encore goûté au plaisir de produire des sons ? C'est un peu comme si on devait apprendre la grammaire avant de savoir parler." Il enrage encore d'avoir dû passer deux ans à apprendre le solfège sans avoir théoriquement le droit de toucher un violon.

Heureusement, son père, violoniste amateur, lui avait proposé de transgresser le règlement et d'improviser avec lui de "petits duos". Il faut parfois savoir prendre un sens interdit.

Vos enfants n'ont que trois ans, quatre ans, cinq ans ? Ils ont envie de jouer du piano, de la flûte, de l'harmonica, d'essayer un violon miniature, de s'éclater à la batterie ? Ne bridez pas cet élan, le premier, le plus précieux, car il est fragile, éphémère, et vulnérable à l'ennui, à la frustration. Il suffit parfois d'une humiliation pour étouffer un talent qui ne demandait qu'à s'épanouir. Souvenez-vous que les bébés apprennent la grammaire sans effort, en jouant avec leur voix. Sylvie Habault a bien raison, finalement, le solfège n'est pas la musique, mais son valet de pied, son escorte. Le solfège, c'est l'intendance, et l'intendance suivra !

X

LES MAINS DE MON PÈRE

JE NE SUIS PAS la seule à les avoir admirées ; il en existe une photographie en noir et blanc, prise bien avant ma naissance. Posées côte à côte, sur un coussin de velours, les mains de mon père sont remarquables par leurs proportions harmonieuses et leur caractère paisible. Sur la photographie comme dans mon souvenir, les phalanges, phalangines et phalangettes sont bien proportionnées. Pas d'articulations noueuses ou de musculature hypertrophiée comme chez certains virtuoses. Des ongles courts, sans excès. Pas de petites peaux rongées. Ni les auriculaires tordus en spirale que j'ai transmis à mon fils. Au repos sur ce coussin, posant devant l'objectif, elles semblent trop calmes pour des mains de pianiste, que l'on imagine plutôt sanguines et musculeuses, faites pour galoper, virevolter, frapper, accélérer, plonger, s'envoler, pareilles à des athlètes surentraînés, rompues à d'effrayants exercices, gammes, arpèges, trilles, et rebelote, un parcours du combattant difficultueux et truffé d'obstacles. Les mains de mon père sont plutôt de grandes mains tranquilles qui protègent, qui sentent le savon, qui rassurent.

Au piano, avoir de grandes mains est un avantage qui rend plus aisée l'exécution de certains passages. Cependant la souplesse et l'agilité compensent largement l'apparent handicap d'une petite taille. Franz Liszt n'avait pas ce problème, puisqu'il tenait l'accord, dit-on, bien au-delà de l'octave, du *do* jusqu'au *sol* de l'octave suivante. Cet empan exceptionnel a dû lui faciliter bien des sauts d'obstacles. Mon père tenait facilement la dixième, ce qui m'impressionnait à une époque où je venais de fêter mes premières octaves. Il promenait sur les touches du piano de longs doigts détendus et fluides, apparemment nonchalants, mais capables d'exprimer les nuances les plus fines. Il donnait l'impression de caresser les touches. Un jour, je me suis aperçue que cette manière de jouer qui me paraissait unique au monde n'était pas sans ressembler à celle de Vladimir Horowitz, qui utilise la même technique apparemment languissante, laissant littéralement traîner ses grandes paluches sur le clavier. Mon père n'était qu'un amateur de haut vol et n'avait pas l'habileté foudroyante du maître, mais une musicalité éternellement jaillissante émanait de son jeu, il aimait la nuance et la pratiquait avec gourmandise.

Avec un instinct très sûr, il avait refusé de se laisser crisper dans la position fixe traditionnelle des écoles de musique, dite "de la clémentine" ou "de l'orange", avec le creusement concave de l'intérieur de la paume qui a pour effet de réduire la largeur de la main, avec les doigts qui se lèvent et s'abaissent comme de petits soldats. Une technique artificielle que l'on impose souvent aux débutants, et qui inhibe toute approche préhensile, donc sensuelle, du clavier. En effet, dans cette position fixe, le doigt frappe toujours le clavier avec la même zone de la pulpe, ne s'attarde pas au contact de la touche et se relève pour reprendre une position d'attente. Rançon de cette raideur, la pauvreté du son et une sensation d'effort permanent. Sans travail sur le toucher, sans expérience du fond du clavier, pas d'épaisseur, pas de jeu avec les harmoniques, pas de nuances, pas d'émotion.

Or les subtilités du toucher peuvent être enseignées aux très jeunes enfants avant même le solfège. Il n'y a aucune raison de les priver d'expérimenter de multiples positions de la main et des doigts, de jouer avec les variations de sonorité induites par le poids et la vitesse de frappe, de ressentir la circulation de l'énergie dans les doigts, de tester différentes façons d'entrer en contact avec la touche. Frapper, griffer, caresser, effleurer, écraser… Qui a vu Keith Jarrett en concert ne peut plus ignorer qu'il existe de multiples manières de danser sur un clavier. La technique consistant à relever et abaisser des doigts frileusement repliés oblige à ne jouer que de loin, comme une danseuse qui se tiendrait en permanence sur ses pointes. C'est s'interdire l'usage de toute une partie de l'extrémité du doigt. Pourtant, savoir jouer sur toute la surface de la pulpe permet d'élargir de façon délicieuse la palette des sonorités. Voilà pourquoi nous les avons aimées, ces mains-là. Pour ce qu'elles nous racontaient.

De temps en temps mon père m'appelait pour me signaler une modulation inattendue dans une sonate de Beethoven ou de Schubert, *regarde, il a osé !* On riait ensemble de l'audace du compositeur, et il se remettait à jouer ce passage avec un étonnement croissant, pour me faire bien comprendre en quoi consistait cette audace proprement inouïe, puis il le rejouait, pour son propre plaisir, sans parvenir à s'en rassasier, dans une version de plus en plus expressive.

On dit que dans l'Espagne de l'Inquisition, au temps des marranes, les braves gens dénonçaient les juifs cachés, reconnaissables au fait qu'ils se lavaient souvent les mains. Cette obsession de la propreté devait certainement signifier qu'ils tuaient beaucoup de nouveau-nés et cherchaient en vain, comme Lady Macbeth, à effacer les traces de leurs crimes. Mon père se lavait souvent les mains, mais il ne se cachait pas, il possédait une kippa brodée avec amour par son épouse non juive, ma mère, avec des fils dorés. Il avait même un taleth, une écharpe de prière, bien plié dans le fond d'un tiroir. La part émergée de son judaïsme se résumait à quelques plaisanteries familiales et à de brusques envies de *faire Kippour* et de passer cette journée-là, au moins, à la synagogue, à la *schule*, comme il disait, car il lui restait quelques bribes de yiddish attestant une tradition familiale antérieure, la *schule*, la *shabbès goye*, les *knepflish*. Ses ancêtres venaient d'Alsace, et le yiddish oublié vivait en lui comme un reliquat de culture germanique dont il restait quelques phrases transmises comme des noyaux isolés mais lourds de sens. Il aimait Heinrich Heine comme un frère que l'on regrette d'avoir perdu, et connaissait par cœur, en allemand, le poème *Die Lorelei*, qu'il récitait avec exaltation, tout en nous expliquant que Heine était retourné vers le judaïsme à la fin de sa vie. Puis ses accès de judéité s'estompaient comme ils étaient venus, comme font les bouffées de mémoire ou les montées de fièvre.

Mon père portait fièrement le nom de Pierre Gradwohl et lisait Heine, mais à mes yeux c'est au Swann de Proust qu'il ressemblait sans le savoir et de façon troublante, du moins c'est là que je l'ai reconnu, dans la *Recherche*, énigmatique, inclassable, suprêmement élégant, à la fois invisible et dérangeant, plus noble que les duchesses, et surtout d'une extrême et poignante fragilité – avec une différence notable, car Swann, s'il se laisse enchanter par la sonate de Vinteuil, ne connaît rien à la musique. J'allais sur mes dix-huit ans, cet été-là, et j'avais tout loisir de les comparer car c'est pendant le mois de juillet que j'ai découvert l'univers de Proust, au cours d'une mémorable cure thermale qui m'avait été prescrite pour des troubles respiratoires légers. Affligé par cette épreuve infligée à sa fille, tous les matins, mon père me conduisait jusqu'à Enghien dans sa petite voiture, à l'époque une Morris je crois, ou une Austin grise, c'est ça, avant de se rendre à son bureau dans le quartier de l'Opéra. En route, je fumais une Gitane, histoire de ruiner par avance les effets de la cure. On bavardait, c'était très gai.

Puis je restais seule dans les locaux carrelés de blanc et de bleu où j'avais un itinéraire rituel à accomplir, dont j'ai oublié les stations, et que j'accomplissais scrupuleusement. Donner sa carte, la faire cocher, prendre une serviette, se mettre en peignoir, d'abord boire un petit verre d'eau soufrée à la fontaine de l'entrée, puis il y avait le bain turc, la douche hydromassante, le lit de repos, que sais-je ? Craignant par-dessus tout de nouer un lien quelconque avec les autres curistes, je me plongeais voluptueusement, dès mon arrivée, dans mon volume en cours de la *Recherche*, dans l'édition du Livre de Poche.

Un volume après l'autre, je les ai dévorés avec un étonnement permanent, et pour moi Marcel Proust reste associé à ces carreaux blancs, à cette odeur de soufre, à ces curistes en peignoir blanc qui rôdaient autour de moi comme des ombres de l'Hadès, à ces volumes souples et solides qui se laissaient replier à l'envers, et dont on pouvait fendiller le dos sans culpabilité. J'écourtais autant que possible ma station dans le hammam, où la lecture était impossible faute de lumière, et où l'humidité aurait risqué de décoller les pages. Le bain de pieds était un moment idéal. Cela durait un quart d'heure, on était assis avec les orteils à l'aise dans une cuvette d'eau tiède soufrée, il faisait clair. Je vois aujourd'hui que c'était une manière éminemment proustienne d'aborder cette lecture, que je poursuivais ensuite dans les deux autobus qui me ramenaient jusqu'à la gare de Vaucresson.

Et vraiment je ne saurais dire quel temps il faisait dans le département de la Seine-et-Oise cet été-là. Car j'ai aujourd'hui l'impression d'avoir passé ce mois de juillet entièrement avec mon père. Il était là, dans sa petite voiture anglaise, pendant ces matins joyeux, mais il était encore à mes côtés, malicieusement, dans les couloirs blancs des bâtiments sanitaires, alors qu'il roulait vers son bureau parisien, il était là pendant mon bain de pieds, il était encore là dans l'autobus, embusqué dans les pages de mon livre.

Il y avait dans le monde de Proust une ambiance qui m'était familière. Né en 1905, mon père avait grandi pendant l'autre avant-guerre et restait un enfant de la Belle Epoque, l'époque d'Offenbach et de Meilhac et Halévy, dont l'humour l'enchantait. Je découvrais les complexités de l'assimilation, telles que Proust les décrivait à propos de Swann, et dont mes grands-parents paternels avaient dû faire l'expérience. Je ne les avais pas connus, et j'étais reconnaissante à Proust de me parler d'eux. Il me révélait l'ambiguïté de leur position sociale, une marginalité vécue avec panache, les apparences de la normalité, cette posture bourgeoise que décrit Eugène Labiche avec drôlerie dans *La poudre aux yeux*.

Mon père ne se posait guère de questions sur le destin du peuple juif. Il préférait ne pas se savoir à la fois admiré, envié, parfois tenu à l'écart. Ne le devinant pas, insoucieux des étiquettes, il n'en souffrait pas. Français ou juif, chinois ou papou, c'étaient pour lui des questions secondaires. J'ai retrouvé cette cécité salvatrice, qu'il partageait avec ses amis, dans un texte autobiographique où le philosophe Gershom Scholem, ami de Walter Benjamin et spécialiste du messianisme, évoque l'illusion dans laquelle vécurent les juifs de la génération de ses parents dans le Berlin des années 1920. Se croyant totalement intégrés à la société allemande dont ils avaient adopté la culture et le mode de vie, ils ne s'apercevaient pas qu'ils ne se fréquentaient qu'entre eux.

Vivant à Paris 2e, dans un grand appartement de la rue Notre-Dame-des-Victoires, mon père se sentait parfaitement à l'aise dans son environnement, comme souvent les juifs de son milieu et de sa génération. Les persécutions des nazis et de Vichy, auxquelles il avait échappé par miracle, n'avaient nullement remis en question cette tranquille certitude. Il restait français, ou plus exactement parisien, et plutôt rive droite que rive gauche, plutôt *seizième* que *sixième*. Il connaissait comme sa poche les quartiers du centre de Paris. Son village personnel s'étendait principalement du Palais Garnier à la place Vendôme et à la place de la Bourse, avec des extensions vers l'ouest, jusque vers l'avenue Foch, ancienne avenue du Bois, vers le boulevard Jules-Sandeau ou vers la rue Balzac, tout en haut des Champs-Elysées, et du côté du 17e, en direction du parc Monceau, en passant par le quartier Saint-Lazare, avec l'avenue Haussmann et la sacro-sainte rue de Rome, où se vendent depuis la nuit des temps les partitions musicales.

Il fréquentait naturellement les sommets, mais refusait de préférer Debussy à Ravel, Bartók à Stravinski, ou Callas à Pavarotti. On aurait pu croire que Schumann était son favori, mais en fait, c'était plutôt une âme sœur vers laquelle il retournait pour se ressourcer, comme on se rend visite à soi-même. Il était lui aussi Eusébius et Florestan, à la fois heureux et désespéré. Mais Schumann n'annule pas

Brahms, l'Himalaya n'éclipse pas le mont Blanc, Victor Hugo n'efface pas Lamartine. Pour lui, il y avait de l'absurdité, presque de la bêtise, à décréter des préférences, à établir des palmarès entre les œuvres ou les compositeurs.

— Préfère-t-on les Alpes à la cordillère des Andes ? Préfère-t-on la constellation de la Grande Ourse à la galaxie d'Andromède ? Il serait absurde de préférer Bach à Schubert, car ils ne font pas partie du même monde.

En effet, Bach et Schubert ne coexistent pas dans l'univers de la culture comme le café moulu avec le chocolat en poudre sur une étagère.

— Tu vois bien que, pendant que tu joues cette sonate, aucune autre musique n'existe.

Oui, c'est ainsi que la musique procède. De manière éphémère, mais totalitaire. J'écoute un *Impromptu* de Schubert, et pendant ce temps, je "préfère" cet impromptu à tous les autres car je n'entends que lui et pour l'instant, les autres musiques de Schubert sont reléguées dans les limbes. J'écoute un *Concerto* de Mozart, et plus aucune autre musique n'existe. Je joue une *Fugue* de Bach, il n'y a plus que Bach.

Tant que dure ce concerto, les autres musiques sont indisponibles, les palais de la mémoire sont fermés. Les œuvres musicales se visitent successivement, telle est la loi de l'écoute. La musique n'occupe qu'une fraction du temps de notre vie, mais elle se l'approprie entièrement.

Mon père fut un poète de la vie, un musicien de l'instant. "Rien n'est plus beau qu'un solo de hautbois dans une cantate de Bach", disait-il avec une mine de taste-vin évoquant un excellent saint-émilion. Jusqu'à la fin, il a gardé son humour. Je le vois d'ici à travers mes larmes, son œil bleu qui pétille. Il m'a transmis aussi le don des larmes et nous avons sangloté de concert, côte à côte, au cinéma, dans nos fauteuils, en écoutant le chant d'amour d'Ottavio dans le *Don Giovanni* filmé par Joseph Losey, avec trafic de mouchoirs en papier, et rires étouffés.

Il adorait la musique de Wagner, cet odieux personnage, et fondait en larmes, presque rituellement, à la fin du premier acte de *Tristan et Isolde*, ainsi que pendant le dialogue entre Sigmund et Sieglinde dans le premier acte de *La Walkyrie*. Il riait entre ses larmes, et nous l'avons beaucoup taquiné là-dessus, pendant les élégants entractes du théâtre de Bayreuth où nous passions une semaine durant l'été 1972 avec nos amis Saglier. Au milieu de l'après-midi, on voyait les *Fräulein* et les rombières parader en robes du soir fleuries, au bras d'industriels en smoking.

Cette semaine-là, on donnait la *Tétralogie* au grand complet, ainsi que *Lohengrin* et surtout un extraordinaire *Parsifal*. Selon la tradition, à la fin du premier acte qui comporte une célébration mystique, le public réfrénait son envie d'applaudir et sortait du théâtre dans un silence complet avec une ferveur très germanique, aussi impressionnante que détestable.

C'était juste avant les fameuses productions de Chéreau et Boulez. Les décors austères et modernistes de Wieland Wagner, surtout dans *La Walkyrie*, évoquaient irrésistiblement des piles d'assiettes géantes en équilibre instable sur un plateau désert.

Pendant l'entracte, lassés par ces mises en scène monacales qui allongeaient encore la durée des spectacles, nous allions contempler avec une ironique nostalgie les maquettes surchargées de dorures des premiers décors du wagnérisme.

Au fait, si mon père se lavait souvent les mains, et avec de grandes quantités d'eau mousseuse, cela n'avait rien à voir avec le judaïsme, c'était par respect pour le clavier. Jamais il ne se serait assis au piano sans passer par son cabinet de toilette. Son préféré, c'était le savon aux amandes.

Quelquefois, j'avais le droit de participer à ce rite prémusical. On plongeait nos quatre mains dans le petit océan plein d'écume qu'il avait créé dans le lavabo, puis il ressortait les siennes, les savonnait longuement, les faisait mousser et remousser. Je devais garder les miennes dans l'eau tiède, en attendant, puis après un temps qui me paraissait interminable, il me donnait enfin le signal. Alors j'avais le droit de venir blottir mes mains humides dans les siennes, et on faisait mousser le savon un peu partout, entre les phalanges, jusqu'au bout de chaque doigt, sur toute la surface de la paume, main droite, main gauche, et on recommençait, c'était chaud, ça sentait bon, puis on rinçait, on essuyait, on riait encore.

Ensuite il demandait :

— Maintenant qu'on a les mains propres, ça te dirait de faire un petit quatre-mains, juste un quart d'heure, avant le dîner ?

Il n'a pas eu la chance, hélas, de progresser jusqu'à la fin. Son échelle était vermoulue, les barreaux ont fini par s'effondrer sous le poids de sa longue vie. Son tempérament de cigale, ses instincts de flambeur et la cruauté de l'époque ont eu raison de son optimisme légendaire. Il ne s'est pas adapté aux tracasseries, il n'a pas su se défendre, son maigre argent s'est enfui dans les abîmes. Comme une hémorragie qui aurait duré trente ans. A la fin, il relisait ses partitions en soulignant les passages qu'il aimait. Il approchait ses mains du piano, les voyait trembler, n'osait plus les poser sur les touches. Les mots et la musique l'ont quitté en même temps, comme ils ont quitté Hölderlin dans la chambre du menuisier Zimmer. J'ai toujours trouvé remarquable que ce menuisier s'appelât *Zimmer*, comme s'il fallait au poète une chambre au carré, une crypte spéciale, une double protection contre les intempéries de l'âme. Hölderlin paraît-il improvisait des mélodies sauvages sur un piano désaccordé auquel il manquait des touches.

La pratique d'un instrument est un privilège insensé dans notre nef des fous, voilà ce que mon père m'a appris.

XI

LE FRUSTRÉ SE DÉTEND

UN BEAU JOUR, allez savoir pourquoi, le frustré se détend, le handicapé travaille sa gamme en tierces, le ver de terre recommence à tutoyer les étoiles. Attention, ce retour au piano doit être une fête, non une prise de tête. Cette fois, c'est vous qui décidez ! Plus d'horloge pointeuse, plus de Mme Rita revêche qui vous tape sur les doigts. Vous travaillez quand ça vous chante. Jouer n'est pas souffrir ! L'étude n'est plus un mauvais moment à passer, en attendant le moment magique de la maîtrise annoncée, mais un bonheur à part entière, à vivre pleinement. Foin des gammes et des arpèges purement techniques, dissociés de votre répertoire ! Foin des exercices automatiques, destinés à "muscler" les doigts ! Adieu Hanon, Czerny et autres supplices chinois ! Le stress et le piano, ça fait deux. Haro sur les doigts crispés, les épaules contractées ! Seule la musique, unique objet de votre désir, fait maintenant la loi.

Grâce à votre nouveau professeur, choisi avec discernement, votre toucher retrouve son autorité, puis augmente sa subtilité, sa puissance. Plus de pédale sirupeuse, noyant les fautes. Vous trouvez facilement le phrasé adéquat, l'intonation juste. Même vos doigtés deviennent naturels, évidents, confortables. Des mélodies émergent, des sonorités oubliées. Des chapitres entiers de votre vie passée deviennent accessibles et renaissent sous vos doigts étonnés.

Tenez, ce *Menuet* du petit *Cahier d'Anna Magdalena Bach*, il y a si longtemps, plusieurs dizaines d'années peut-être. Une fois sollicitée, votre mémoire se met à fournir des gestes approximatifs, dictés par la mélodie inscrite sur la partition et filtrés par l'oreille, ce juge infaillible. Dès que le morceau commence, elle reconnaît cette musique et se tient prête à sanctionner la moindre erreur, à réclamer le *sol* dièse qui manque dans un accord de huit notes. Et voilà que vos doigts, stimulés par l'oreille, se souviennent eux aussi, explorent l'espace familier du clavier, et retrouvent en tâtonnant les anciens chemins.

Ne craignez rien, le piano n'exerce pas de représailles. Aussi calme que le bois et le métal qui le constituent, il est prêt à resservir selon votre bon plaisir. Il n'a besoin de rien, merci, sinon d'une température à peu près constante, d'être accordé une fois par an, et retapé tous les quarts de siècle. Il n'est pas gêné par les fausses notes, il fait son boulot sans broncher, il obéit au doigt et à l'œil, c'est le cas de le dire. Après tout ce n'est qu'une machine, un automate perfectionné. A la place du cœur il a une table d'harmonie. Des trios de cordes bien tendues, parallèles et croisées, rangées selon leur diamètre. Des marteaux, des feutres clairs. Toute une prodigieuse mécanique donnant accès à un espace où le désir n'est plus un manque mais une énergie indéfiniment renouvelée.

Certes, le manque de pratique vous a fait perdre un peu d'habileté, vous hésitez, vous glissez peut-être maladroitement sur le bord des touches, vous tombez à côté, normal, patience, vous retrouvez une langue maternelle, il y a de quoi être intimidé, mais quel plaisir aussi de voir tout de même que vous avez conservé l'essentiel, le solfège, la familiarité avec le clavier, la position des mains et des coudes, et bien sûr votre mémoire musicale qui dès les premières notes reconnaît ses anciennes amours.

Surtout, ne vous donnez pas pour objectif de retrouver votre niveau d'il y a dix ou vingt ans. Vous ne le retrouverez jamais, car il est probable que vous l'avez largement dépassé ! Les changements en profondeur se font à notre insu. Oui, vous aurez peut-être la surprise, d'ici à quelques heures ou quelques jours, de constater que non seulement vous avez de beaux restes, mais qu'en fait vous avez progressé pendant toutes ces années. Vous n'avez plus ce toucher enfantin, vous allégez la tonique, vous ne mélangez plus les accords, vous risquez la nuance. Votre manière de jouer a évolué et mûri, du fait de votre expérience de la vie.

Voici par exemple que ce *Moment musical* de Schubert, qui vous paraissait autrefois sautillant et presque diabolique, prend sous vos doigts convalescents des nuances inouïes. Ce morceau abandonné en plein chantier, vous êtes maintenant capable de le jouer sans peine. Et vous riez en pensant à ce temps lointain où le passage du pouce vous posait problème dans cette transition si facile.

— J'ai progressé sans rien faire ! s'exclame l'amateur stupéfait.

Il regarde ses mains comme s'il ne les avait jamais vues, perplexe devant ce mystère mais incapable de bouder son plaisir.

— Alors, il y avait de la sagesse dans mon abstinence ? demande l'amateur plein d'espoir. Sans doute me fallait-il ce temps de maturation avant de renouer avec le piano ?

Camus a dit vrai, Sisyphe est heureux. Chassez la culpabilité, le désir revient au galop.

XII

CE SOIR C'EST GALA

DANS les années 1960, tous les deux ou trois mois, il y avait soirée musicale à *La Brésilienne*, notre maison de Vaucresson. J'ai dit dans *Clandestine* la part d'étrangeté que comportait cette période dans notre vie de famille. Pourtant, après tant d'années, c'est la joie qui demeure, car la musique transcendait les silences et rassemblait les êtres. Avec toutes ses couleurs elle ordonnait le grand opéra discordant de la réalité. La fréquentation des *Concertos brandebourgeois*, des symphonies de Haydn ou des lumineux concertos pour cor de Mozart suffisait à nous remettre d'aplomb en cas de coup dur ou de déprime passagère, et leur simple existence interdisait de condamner sans appel l'espèce humaine.

Nous avions conscience d'être des survivants, et d'avoir à célébrer la chance d'être en vie. Le XXe siècle ne pouvait être entièrement condamné, la grande aventure du progrès continuait. La bête immonde du nazisme avait été vaincue. Les antibiotiques avaient sauvé des millions de vies, il y avait des raisons d'espérer, du moins en étions-nous persuadés.

De Ravel à Poulenc, en passant par Bartók, Scriabine, Stravinski ou Schoenberg, la musique avait étendu son domaine vers des sonorités inouïes, d'impensables mélanges. Cependant, cela doit s'entendre, nous n'étions pas outrageusement modernes, et passions plus de temps avec les chefs-d'œuvre des XVIIIe et XIXe, nos siècles d'or, qui avaient engendré de fulgurants génies dans plusieurs pays d'Europe. Grâce à ces êtres d'exception, classiques ou romantiques, grâce à la folie créatrice de Beethoven, Chopin, Schumann et les autres, qui s'étaient montrés capables de rendre audibles l'ineffable et le presque rien, l'humanité avait accompli un progrès spirituel sans précédent. A travers eux, il nous semblait qu'un absolu s'était manifesté. Un langage parfait avait été porté à son point d'incandescence, la puissance de l'âme avait trouvé à s'exprimer. Quoi que l'avenir nous réserve, pensions-nous, les trésors du passé continueraient à vivre par notre intermédiaire.

Les soirées musicales de *La Brésilienne* commençaient au crépuscule, pour que la fête dure longtemps. Aux côtés de Mary-Louise, ma ravissante mère américaine, mon père Pierre Gradwohl accueillait ses hôtes en parfait amphitryon dans son costume prince de galles. Ils aimaient la fête et formaient un couple étincelant, ayant tous deux un don inné pour l'hospitalité, mais il faut reconnaître que le partage des tâches était inéquitable, ma mère étant chargée de la confection des salades et pâtés de poulet aux poivrons grillés, tandis que mon père avait la haute responsabilité du programme musical. Il passait des heures penché sur ses partitions d'orchestre pour préparer sa performance, battant la mesure de la main gauche, chantonnant, l'air ravi. Il choisissait le plus souvent des œuvres appartenant à l'univers classique et pouvant être exécutées par une formation réduite, Bach, Mozart, Carl Maria von Weber, Vivaldi, et plus tard Telemann, dont la découverte inopinée fut un événement culturel marquant de cette époque. Pour faire plaisir à ma mère, il prévoyait presque toujours un concerto de Haydn, qu'elle préférait à tous les autres, et même à Mozart, pour son optimisme et sa gaieté.

Les musiciens, en général des amateurs de haut niveau, arrivaient à partir de dix-huit heures. La plupart d'entre eux étaient "dans les affaires", habitués des marchés financiers, responsables de gestion dans les assurances, familiers des conseils d'administration. Ils avaient bien la tête de l'emploi, surtout en hiver, avec leurs manteaux de lainage léger, leurs écharpes en cachemire, leurs chemises finement rayées de bleu et de blanc, et les chapeaux de chez Moschino qui protégeaient leurs crânes un peu dégarnis. Ils arrivaient du 16e, parfois du 8e, par le tunnel de Saint-Cloud qui était encore à double sens, et l'autoroute de l'Ouest qui ne s'appelait pas encore l'A 13. Ils apportaient des instruments de toute taille, de la flûte au violoncelle et à la harpe, une majorité de cordes, mais aussi les hautbois, les clarinettes et les bassons. Les instrumentistes étaient en général accompagnés de leurs "moitiés", souvent à leur image. Une large palette de dames mélomanes, coiffures en choucroute ondulée, étoles de renard aux pattes apparentes, talons aiguilles, sacs brillants à petites chaînettes assortis aux escarpins, traînées odorantes de Chanel ou de Nina Ricci. Où sont-ils aujourd'hui, tous ces fêtards très convenables ? Rien n'a été photographié ni enregistré, sauf dans quelques mémoires longues en voie d'effacement. Je pense à eux tous avec tendresse et nostalgie.

Des professionnels acceptaient de se mêler à la fête, le clarinettiste anglais Charles Williams, un habitué, dont la douceur flegmatique se transformait en lyrisme dans Mozart ou Carl Maria von Weber, d'excellents pianistes professionnels comme Elisabeth Saglier ou Livia Rev. François-Joël Thiollier, qui faisait souvent des parties de deux pianos endiablées avec mon père, nous amena un soir avec lui un grand dadais à la crinière noire tombante, qui devenait un archange au violon et s'appelait déjà Augustin Dumay. Les cuivres, et notamment les cornistes, venaient en détachement de la caserne voisine des CRS, un grand manoir blanc où logeait la fanfare officielle du département. Enchantés de jouer les concertos de Mozart, ce qui leur changeait les idées, ils perdaient vite leur raideur militaire et s'amusaient comme tout le monde.

Il n'était pas toujours possible d'identifier l'instrument d'après la forme de l'étui, mais on reconnaissait les violonistes et les altistes à leur cal perpétuel à la base du cou. Tous passaient le petit portail en métal vert bouteille en baissant la tête sous les flots du lierre surabondant. Les pas crissaient sur le gravier, on s'exclamait, on se réjouissait de faire de la musique ensemble, oui c'était une belle époque. De temps en temps, un contrebassiste ou une harpiste arrivait avec son monument, et les messieurs dames s'écartaient sans cesser de bavarder pour le laisser monter avec précaution les marches du perron, vers les portes-fenêtres menant au grand salon. Là, les pupitres à demi dépliés et les chaises de location, déjà disposés en bataillon, formaient un encombrement inextricable.

A la grande époque de *La Brésilienne*, mon père portait ses cinq décennies avec légèreté. Son élégance à l'ancienne s'harmonisait avec ses tempes grisonnantes et l'ovale de son visage où le réseau des rides s'organisait peu à peu sans altérer son expression. Comme le disait ma mère, de vingt ans plus jeune, il avait des rides harmonieuses (elle disait *tu as de beaux rideaux* avec son accent mélodieux). Une légère myopie accentuait le charme de son regard un peu caché derrière ses lunettes d'écaille. Il accueillait ses hôtes avec une réelle tendresse, qui était d'ailleurs la tonalité dominante de sa personnalité, une tendresse qui s'adressait aussi à la musique bien sûr, la grande magicienne qui les rassemblait ici, sa fiancée de toujours, qu'il avait passionnément courtisée mais aussi souvent délaissée, comment faire, il faut bien gagner sa vie.

N'ayant pas trouvé le moyen de transformer son amour de la musique en activité professionnelle, il était resté inconsolable. Selon la légende familiale, un musicien connu, qui se trouvait être le neveu de Pauline Viardot, consulté sur l'orientation de ce gamin de douze ans manifestant une telle passion pour la musique, avait donné à ses parents un avis résolument négatif, voire alarmiste. Selon ce rabat-joie, sans doute déçu par ses propres échecs, les musiciens au XXe siècle seraient des crève-la-faim, des traîne-savates. Il n'y avait plus d'avenir dans la composition musicale. Rue Notre-Dame-des-Victoires, la famille avait accueilli l'oracle en tremblant.

Et la musique était restée là, en second, comme un luxe, une parenthèse, une récréation, un univers en apesanteur où les émotions circulaient librement, où l'on était toujours en bonne santé, où les soucis d'argent n'existaient pas, où les fluctuations boursières n'avaient aucune importance. Mon père avait un besoin vital de cette respiration car ses affaires étaient rarement florissantes, et d'effrayantes angoisses l'assaillaient pendant ses insomnies. Il n'utilisait les mots qu'avec parcimonie, préférant s'exprimer en musique. Je crois que les mots lui paraissaient souvent inadéquats, grossièrement taillés, peu faits pour communiquer l'essentiel. L'univers du langage, contrairement à la vaste palette de couleurs offerte par les sonorités, lui semblait simpliste et plat, tel un instrument auquel manquerait la caisse de résonance. Il ne faisait confiance à la parole que dans la poésie, où il retrouvait la précision du langage musical, notamment Verlaine qu'il adorait.

Mais au piano, il pouvait tout dire. Ce qui émanait de son jeu, c'était une tendre allégresse, alternant avec une nostalgie mêlée d'angoisse, un peu comme la tonique et la dominante alternent dans le système de la musique dite classique. Il racontait peu d'anecdotes sur son enfance, mais quand il jouait *Papillons* de Schumann, on devinait que cette musique avait mijoté longtemps dans ses marmites. Cette pièce tout en finesse, il l'avait travaillée pour la première fois dans le premier quart du XXe siècle. Il y était revenu cent fois, mille fois, et ce morceau était devenu pour lui une sorte d'interlude, une récréation entre de nouveaux travaux pianistiques plus austères ou plus monumentaux.

Sous ses doigts, ce petit chef-d'œuvre bénéficiait de souvenirs venus de toutes les époques de sa vie. Il avait eu le temps de le mâcher, de le fignoler, de le tester de mille manières, du pianissimo timide jusqu'à des tentatives excessivement théâtrales. Il l'avait ausculté dans tous les sens, il avait essayé tous les effets possibles, changements d'intensité ou légers rubatos. Chacune de ces tentatives, chacun de ces passages avaient enrichi et patiné son jeu, donnant à sa sonorité cet éclat inimitable qui ne peut être comparé qu'à ces laques chinoises dont la qualité dépend du nombre des couches de vernis. Dans les soirées parisiennes, quand une maîtresse de maison lui demandait de "jouer quelque chose", *Papillons* faisait très bien l'affaire. Après quelques minutes de magie schumannienne, les dames étaient sous le charme, tout le monde en redemandait. Alors, on pouvait leur servir quelque chose de plus long, du Beethoven, du Ravel – ou *Le beau Danube bleu*, selon l'ambiance – mais d'abord, savoir se faire prier !

Formé à l'harmonie et à la composition, il s'était essayé à l'écriture de plusieurs pièces orchestrales, notamment un *Divertissement champêtre** dont il existe un enregistrement 78 tours. Longtemps, cet élève de Nadia Boulanger, parmi les plus doués, avait assouvi sa soif de musique au piano et à l'orgue. Puis, avec ses amis instrumentistes, il avait déchiffré une bonne partie du répertoire des sonates pour piano et violon ou flûte, ainsi que des trios et quatuors avec piano. Il adorait la musique de

* Cf. p. 272-273.

chambre, pour la splendeur du répertoire, mais aussi pour la fine relation qu'elle instaure entre les musiciens.

La musique n'était pas son métier, il le regrettait tous les jours. Mais il poursuivait son rêve. Il avait pendant de longues années possédé un orgue véritable, avec des tuyaux et un carillon. Il aimait le piano, sans avoir la constance du virtuose ni la religion de la technique. Il passait beaucoup de temps à déchiffrer, et circulait à l'aise dans les grandes œuvres du répertoire. Il essayait avec gourmandise tous les instruments qui se trouvaient sur sa route, et gardait en réserve un vieux violoncelle, au cas où l'envie lui prendrait de s'y mettre. Il existe un cliché de lui, assis dans les coulisses d'un théâtre, hilare, installé derrière une harpe, les doigts sur les cordes.

La solitude du pianiste, dialoguant à travers les siècles avec le compositeur, ne lui suffisait pas. La musique était pour lui une occasion et une manière d'être ensemble, la quatrième dimension de l'amitié. Son désir le plus ancien, son projet d'enfance était de diriger un orchestre. C'était son rêve à lui, jouer des concertos, des symphonies à faire trembler les murs, appeler un solo de flûte, obliger les violons à jouer tout doux, puis déclencher l'orage du bout de sa baguette, faire exister les architectures sonores qui le hantaient. Dans l'entre-deux-guerres, avec son ami Robert Dalsace, il avait réussi à créer une petite formation baroque, les Fiori musicali, qui avait donné plusieurs concerts. Hélas, rien n'avait été enregistré. Mon père évoquait avec nostalgie ces fleurs musicales italianisées, mais pour moi elles relevaient plutôt de la légende.

A *La Brésilienne*, de nouveau, c'était possible. Comme disait tante Mitèse, *ce soir c'est gala*. La musique allait refleurir. L'aventure collective, amicale, ou faut-il dire mondaine ? trouvait un décor à sa mesure. Dans cette villa de deux étages, le salon et la salle à manger, séparés par deux arcades circulaires, formaient une seule vaste pièce occupant presque toute la surface du rez-de-chaussée, pouvant accueillir une douzaine de musiciens et une vingtaine d'auditeurs. Ses partenaires de quatuor, enthousiasmés par le projet, invitèrent leurs amis, et bientôt une petite formation assez solide d'une vingtaine de musiciens amateurs fut constituée.

Et le jour dit, vers la fin du crépuscule, quand tout était en place, les musiciens assis devant leurs partitions ouvertes, page de droite cornée pour anticiper la *tourne*, sur des pupitres métalliques que j'avais personnellement dépliés et installés côte à côte, mon père debout face à eux, devant son pupitre de bois, un vrai pupitre de chef, avec sa fine baguette à la main, une vraie baguette de chef, parcourant du regard les quelques mesures de la première page de l'œuvre au programme, bouillant d'impatience, le public sagement aligné sur les chaises de location, ma mère debout dans le fond de l'auditoire, très émue, alors que les derniers murmures finissaient de s'éteindre dans l'air du soir, alors que les portes-fenêtres avaient enfin été refermées, mon père levait le bras droit en souriant, je remarquais que sa main gauche, posée à plat sur le pupitre, tremblait un peu, et de sa baguette marquait la première mesure sur les pentes de l'air, et c'était parti, la musique arrivait tout d'un coup comme une déferlante, un fleuve longtemps contenu, une averse de bonheur, et je me trouvais toute frissonnante, ainsi que l'auditoire, et je devinais que mon père aussi frissonnait. A vrai dire il n'organisait ces rituels que pour retrouver ces frémissements délicieux, cette griserie, cette sensation incomparable qu'il voulait partager avec ses amis. Et c'est ce frisson, la fine pointe de ce qu'il m'a transmis, le plus délectable, que j'essaie maintenant de partager avec vous.

XIII

LES BONNES ONDES MARTENOT

J'AI PRIS ma première vraie leçon de piano vers mes six ans, avec celui que j'ai toujours appelé Monsieur Martenot, croyant que Monsieur était son prénom. En fait, il se prénommait Maurice, et il était célèbre pour avoir inventé un instrument au nom féminin et pluriel, les ondes Martenot, dont je savais seulement qu'elles étaient capables de passer d'une note à l'autre sans transition, comme la voix humaine. Au piano, c'était impossible, et le pianiste avait à compenser ce défaut inhérent à son instrument grâce à la qualité de son legato, cette manière qu'ont les doigts de se succéder comme à regret, de manière à lier les sons les uns aux autres. Bien sûr, la pédale pouvait nous aider à créer cette continuité, mais il ne fallait surtout pas en abuser, et dans Bach il était recommandé de s'en passer complètement. C'était un privilège de recevoir directement l'enseignement d'un tel maître.

J'avais déjà reçu un début de formation sous sa tutelle, une année d'initiation musicale à l'école Martenot, rue Saint-Pierre à Neuilly, où les méthodes d'éveil les plus modernes avaient déjà été mises en œuvre dans les années 1950 par sa sœur, Ginette Martenot. On apprenait en s'amusant, en chantant, en dansant. On jouait aux sept familles avec des cartes spéciales où étaient répertoriés les gammes et les intervalles. A force de collectionner les tierces ou les quartes, et de les échanger contre des quintes, des neuvièmes ou des tierces, on apprenait le solfège sans douleur. On s'exerçait à reconnaître le *la*, en frappant le diapason sur la table et en l'approchant de notre oreille. (Il suffit aujourd'hui de décrocher le téléphone pour le retrouver.) On apprenait la notation musicale en accrochant des *magnets* aimantés représentant des croches, des noires, des blanches ou des *lon-gues-ron-des* (quatre syllabes pour quatre temps) sur une plaque de métal blanc où cinq élastiques noirs parallèles, tendus à l'horizontale, représentaient les lignes de la portée. Après ces jeux, l'emplacement du *si* de la clef de *sol*, par exemple, perché en équilibre sur la corde du milieu, devenait un repère impossible à oublier, une évidence, le nez au milieu de la figure.

Ma mère m'accompagnait chez Monsieur Martenot une fois par semaine. Il habitait non loin de son école, dans un appartement très sombre où les meubles ressemblaient à de gros animaux endormis, et où s'empilaient sur une table basse les exemplaires d'une collection complète de *Paris-Match*. C'était un monsieur pas très grand, d'une extrême dignité, en complet gris, avec une moustache poivre et sel bien taillée en bordure de la lèvre. Il parlait doucement, ce qui m'obligeait à tendre l'oreille. Mais je dois l'avouer, ce qui m'a conquise, c'est qu'il m'a tout de suite vouvoyée. Essayez donc de dire "vous", avec le plus grand sérieux, à une fillette de six ans, vous verrez les étoiles dans ses yeux. Comme ma mère s'en étonnait, Monsieur Martenot lui dit que les petites filles devenaient très vite des jeunes filles, des demoiselles, on ne voyait pas le temps passer.

— On n'a pas le temps de dire ouf et ça y est, elles ont déjà treize ou quatorze ans, et à ce moment-là il faudra bien les vouvoyer, n'est-ce pas ? Alors autant prendre les devants. Et puis ça leur fait tellement plaisir.

Je compris aussi que nous allions travailler longtemps ensemble, ce qui me plaisait bien. Notre dialogue musical allait se poursuivre, en effet, pendant des années. Monsieur Martenot s'est assis au piano et a improvisé une petite phrase musicale en forme de question. Puis il s'est levé courtoisement pour me laisser la place devant le clavier, comme devant un point d'interrogation. Sans hésiter, j'ai improvisé une petite phrase en forme de réponse. Sa Majesté le piano venait d'entrer dans ma vie.

Monsieur Martenot m'a enseigné beaucoup de choses – notamment une connaissance assez solide du solfège – mais ce qui est resté inoubliable pour moi, c'est sa conception de la transmission par le plaisir. Je continue à penser, comme lui, que le plaisir est l'unique outil pédagogique. Faites éprouver du plaisir à votre élève, et vous avez gagné la partie.

A la suite de cet événement, on déclara que j'étais douée pour la musique, ce qui fit rayonner de joie mon père. (On aurait pu dire aussi bien que j'avais réponse à tout !) Désormais, il fut admis que mes études musicales auraient la priorité sur le reste, même sur le travail scolaire. C'est ainsi que tout fut mis en place pour me faciliter un éventuel accès au Conservatoire où j'aurais certainement tenté ma chance, si…

Disons, si j'avais eu moins envie d'écrire. J'ignore les raisons profondes qui m'ont fait négliger ce panier rempli de musiques pour suivre plutôt le chemin sinueux de l'écriture, que nul avant moi n'avait frayé dans ma famille, sauf mon oncle Roger, le frère de mon père, qui avait un véritable talent épistolaire. Et je crois que si j'avais su composer de la musique, si j'avais eu l'audace d'improviser, j'aurais pu me passer d'écrire. Ou alors, agréable pensée, j'aurais écrit des poèmes, des chansons. Des choses qui viennent dans l'éclair et font briller le bout de la plume. *Juste une minute*... J'aurais écrit *pianissimo*, comme on caresse les touches.

XIV

CLAVIER, OU CLAVIER ?

En vérité, mes deux claviers ne se ressemblent guère et je ne saurais dire lequel est mon favori. Tout dépend des jours, de la couleur du temps, de l'humeur. L'écriture et le piano sont des passions exclusives, des univers incompatibles. Quand je m'autorise à plonger dans Schumann, j'oublie jusqu'à l'existence de mon ordinateur. Et tandis que j'écris ces lignes sur mon Mac immaculé, je suis sevrée de mon cher Feurich qui attend là-bas que je finisse de chanter ses louanges. Non que je sois en manque ! Ces deux univers se repoussent et s'annulent réciproquement. Quand j'écris, même sur la musique, elle se tient à l'écart et se laisse oublier. Quand je joue du piano, les mots se taisent, et c'est très bien. *Couchés*, les mots !

Il est possible d'écouter de la musique tout en écrivant, mon amie Stella a cette chance d'y parvenir sans se laisser distraire. Mais il serait impensable de jouer par exemple une mélodie à la main droite tout en continuant à écrire une lettre de la main gauche. Le président Gerald Ford, lui, ne savait pas mâcher du chewing-gum et monter l'escalier en même temps. Notre esprit a ses limites, pas vrai ? Chacun de mes claviers réclame une attention entière, une concentration sans défaut. Il y a quelque temps je suis tombée sur une phrase de Goethe. Il disait que la seule chose qui distingue un génie d'un être humain ordinaire n'est rien d'autre que la faculté de concentration. Cela m'a fait un choc, moi qui suis tellement distraite. La distraction, le grand fléau, la tentation diabolique des pianistes et des étudiants qui bachotent.

Rester où nous sommes. Ecouter, éprouver, maintenant. Cela n'a pas l'air sorcier, et pourtant. L'attention est la clef. *Total immersion*, comme le préconisent les enseignements de langues vivantes. Or voyez, mon esprit ne tient pas en place. Il veut sans cesse aller visiter l'idée voisine, les soucis du lendemain. Je lui demande de rester fixé sur une information, une mesure difficile ? Il préfère vagabonder et repart vers les bruits de la rue, le téléphone qui sonne dans l'immeuble d'en face.

Ah, que cessent l'agitation, le tourbillon incessant des désirs minuscules, le besoin de changer de position, de sortir de la chambre, d'entendre une voix, de boire un verre d'eau, de regarder dehors, de plier les jambes, de s'étirer. L'esprit qui bouge sans arrêt est un pleutre fuyant les abîmes. Il arrive même au pianiste distrait de jouer un passage en pensant à tout autre chose, en oubliant ce qu'il fait. Tout d'un coup, sortant de sa rêverie, honteux, il s'aperçoit qu'il en est à la cinquième page de sa partition. Il sait qu'il n'a fait aucune faute, car aucun incident de parcours n'a interrompu sa rêverie. Il a joué. Quoi ? Il n'a rien entendu. Il se console avec l'espoir que ses doigts – ou l'inconscient de ses doigts – auront tout de même enregistré quelque chose, un parcours mieux affirmé, un doigté plus agréable. On vous le disait, s'écouter ne va pas de soi.

Et passer d'un clavier à l'autre n'a rien de naturel. C'est changer de pratique, mais aussi de logique. Ici, je veux dire sur mon ordinateur, tous les automatismes digitaux s'organisent en fonction du fameux Azertyuiop. L'intensité de la frappe importe peu, de même que la vitesse. La manière de frapper les touches, le doigté utilisé, le cliquetis produit par les doigts au travail n'ont pas la moindre incidence sur le contenu de ce qui s'écrit, sur le sens du texte que l'on tape. Ce qui compte, n'est-ce pas, c'est le résultat, c'est le texte.

Quand on écrit, on peut choisir tranquillement ses mots, on prépare indéfiniment la copie, on corrige et on recorrige, on prend toutes les précautions (en vain !) pour ne pas laisser passer une coquille, une bêtise, une erreur. Il n'y a pas l'instant décisif, le saut dans le vide, ce que le philosophe Jankélévitch appelait "le flirt avec le vertige". Le pianiste ne dispose que de quelques minutes pour faire ses preuves, pour exprimer sa vérité sous les feux de la rampe. En confidence, l'écrivain est bien content de ne pas devoir par exemple écrire en public, et mourir de peur.

J'ai eu la chance d'apprendre à taper à la machine avec mes dix doigts sans m'en apercevoir, en quelques journées oisives, pendant des vacances chez mes grands-parents. J'allais sur mes douze ans, une méthode de dactylographie traînait par là, et je me suis exercée une heure par jour, pour m'amuser. Puis j'ai oublié cet ennuyeux épisode. Au début de ma vie professionnelle, au service de presse de Gallimard, alors que je n'avais plus touché une machine à écrire depuis dix ans, on m'a demandé de taper des fiches de lecture à la machine. Je me préparais à souffrir, mais je me suis aperçue que mes doigts se dirigeaient spontanément vers la bonne touche. Il y a des cadeaux, parfois.

L'expérience du piano a pu faciliter cet apprentissage et le consolider. L'habitude d'évaluer la distance entre les touches sans regarder le clavier, la précision de la visée, la mémoire spatiale des emplacements, la rapidité d'exécution, ce sont des atouts précieux pour la dactylographie. Ces automatismes me permettent par exemple de regarder cet écran tout en continuant à vous écrire du bout des doigts, de même que le pianiste regarde la partition tout en continuant à faire courir ses doigts sur les touches.

Il paraît que le clavier du piano, comme la partition, on peut apprendre à s'en passer. "Ma technique, confie Glenn Gould à Jonathan Cott, c'est de passer le plus de temps possible loin de mon piano." Les concertistes ne s'exercent pas seulement sur leur instrument. Marisa Borini se souvient d'avoir vu/entendu Artur Rubinstein jouer la *Sonate posthume* de Schubert sur une table de restaurant, avec toutes les nuances, tous les gestes, dans une véritable extase.

Encore plus fort, même les gestes ne sont pas indispensables. Dans les trains, les avions, en attendant l'autobus, dans tous les moments de silence relatif, les concertistes révisent mentalement leur programme. Tout a été scrupuleusement mémorisé dans les moindres détails. La mélodie, bien sûr. Mais aussi le tempo, la tonalité, les rythmes, les modulations, les moindres nuances du texte musical. Et encore les doigtés, mais aussi le mouvement des doigts, le placement de la main dans ce passage difficile. Et surtout la sensation qui accompagne cette position précise, cette alliance des cinquièmes et des pouces, ce rebond sportif sur une basse profonde, la manière la plus économique de déplier ces octaves. Si l'écartement des doigts dans telle mesure a été inscrit dans la mémoire digitale au cours du travail, il ne sera pas nécessaire de se souvenir consciemment de chaque note, il suffira de connaître la place de certains repères essentiels, les autres doigts se souviendront de ce qu'ils ont à faire et se poseront à leur juste place. Sur le clavier comme sur la table de restaurant !

L'écriture ne décrit jamais rien de manière exhaustive, son but n'est pas de saturer l'esprit ni d'étouffer l'imagination. De quoi est fait un jour ? Les élections à la radio, feuilleter un journal, lire un poème, le regard passionné du chat Fifi, l'odeur du pain grillé, les bavardages, les sensations, les roulades d'un merleau sur le balcon, l'ombre des tragédies planétaires, la vie de bureau, la gestation des projets, la sirène d'une ambulance qui passe sur le boulevard, la vibration sourde de la vie urbaine, la frange décoiffée du tapis. Aucune écriture, aucune liste jamais ne pourra épuiser la complexité de ces quelques instants. De même, le pinceau lumineux de l'écriture échoue à "dire" la musique. Ne serait-ce que pour décrire avec des mots quelques mesures de Schubert ou de Brahms, il faudrait des pages et des pages, qui seraient forcément à mourir d'ennui, et ne donneraient aucune information fiable sur la musique. Alors que dans l'instant, le professeur donne l'exemple et fait passer le message, quelques gestes et tout est dit. C'est pourquoi l'enseignement du piano (comme celui de la danse ou du théâtre) relève forcément d'une transmission orale – et gestuelle. Ce qui peut être enseigné par une méthode n'est que la partie émergée de ce qui se transmet au cours d'une vraie leçon avec un professeur. Ce "savoir", étranger au langage, qui nous revient dans les mains sans prévenir, au tournant d'une mesure, pendant des semaines, des mois, des années.

Le projet d'écrire *Crescendo* se heurte à cette limite. Il aurait fallu composer quelque chose. On ne peut qu'échouer à faire de la musique avec les mots, à faire chanter le dictionnaire, à jeter un pont sur l'abîme qui sépare la sémantique de l'acoustique. Cela dit, c'est justement ce qui fait courir mes doigts sur mon Azertyuiop, cette impression de longer un abîme, de zoner dans l'hyperespace qui sépare deux planètes. Car au piano, dans le meilleur des cas, je ne serai jamais qu'une interprète préposée à servir un texte préexistant, si sublime soit-il. Alors que, devant le clavier de mon ordinateur, il n'y a pas de Beethoven ou de Chopin pour me dicter les mouvements de mes doigts.

Quand j'écris, le compositeur, c'est mézigue, je fais ce que je veux. Je joue avec la syntaxe qui est le solfège de l'écriture, j'accorde les timbres de mes instruments, je contourne les règlements de l'Académie, j'expérimente des rythmes syncopés, des modulations sauvages, je déplace les paragraphes ici ou là, je cherche un souffle, une mélodie de mots, je la développe à mon idée, j'harmonise, j'amplifie les basses, je joue avec mes petites misères, j'interpelle les autorités de la planète, je module le chagrin et le rire, je rêve à ma guise. *Ce soir c'est gala.*

XV

LES *MARCHES* ET LES *PEINTES*

J'INSTALLE mon tabouret à bonne distance du clavier, bien au centre. Lui et moi sommes de vieux camarades. Plusieurs vies passées ensemble, des déménagements, des milliers d'heures de musique ; notre âge commence à se voir – le sien surtout ! Affectueusement griffé par les chats Fifi et Gismo, son revêtement de similicuir est désormais protégé par un tissu indien en guise de cache-misère.

Je règle la hauteur du siège à l'aide des grosses vis qui lui font des oreilles de bois verni. N'étant pas une adepte de la chaise basse recommandée par certains, je choisis la hauteur la plus confortable, celle qui me donne l'impression de surplomber le clavier, en espérant mieux le dominer. Je m'assieds, jambes parallèles, pieds en avant, épaules détendues, tête libre. Il me suffit d'écarter un peu les coudes pour prendre virtuellement possession de mon domaine.

Dans l'espace visuel du clavier, les touches se répartissent selon un ordre immuable entre les blanches (dites aussi les *marches*) et les noires (ou les *peintes*), intercalées successivement par groupes de deux et de trois. Cinquante-deux touches de simili-ivoire et simili-ébène. Leur beauté géométrique est comparable à celle de l'échiquier, en plus sensuel, leur alignement ordonné renvoie à l'architecture complexe des gammes. Cependant le principe de base est d'une extrême simplicité ; chaque note est séparée de la suivante par un demi-ton (*do*, *do* dièse, *ré*, *ré* dièse, *mi*, *fa*, *fa* dièse, etc.), selon ce qu'on appelle une succession chromatique. A l'œil nu le clavier pourrait sembler bêtement horizontal alors qu'il "monte" de gauche à droite sur l'échelle des sons. Il n'est pas ce que nous croyons voir, une série de touches identiques, équivalentes, démocratiquement alignées. Seule l'oreille nous renseigne sur la secrète hiérarchie qui les organise, de gauche à droite dans l'espace et de "bas" en "haut" sur l'échelle des sons, c'est-à-dire des graves aux aigus, ou des grosses cordes cuivrées aux fines chanterelles.

Cette organisation de l'espace qui associe le côté gauche du clavier aux sons graves et le côté droit aux aigus s'intègre dans les perceptions sensibles du pianiste comme une évidence à la fois sonore et spatiale, une seconde nature, aussi indiscutable que le sens de l'écriture ou la priorité à droite. En réalité, cette orientation gauche-droite du clavier, si contraignante soit-elle, n'est qu'une convention, aussi arbitraire que la fameuse séquence Azertyuiop, autrefois justifiée pour des raisons techniques sur les antiques machines à écrire et que seule la coutume maintient sur les claviers d'ordinateur. Cependant, cela va de soi, cela coule de source. Azertyuiop est si bien ancrée dans nos réflexes qu'elle serait impossible à modifier sans mettre durement à l'épreuve notre structure mentale. De même, il serait sans doute impossible, même à un concertiste professionnel, et même à un pianiste gaucher ! de jouer quoi que ce soit de cohérent sur un piano monstrueux construit à l'envers, en miroir, avec les aigus situés vers la gauche.

La notation musicale est arbitraire elle aussi. Par pure convention, les aigus sont notés non à droite comme sur le clavier mais vers le haut de la portée, tandis que les graves se trouvent inscrits vers le bas. Pour déchiffrer un texte musical écrit à l'envers, il nous faudrait un effort inhumain, qui n'aurait d'ailleurs aucun intérêt.

Il serait vain de contester ces conventions indispensables, qui forment l'humus de notre culture. Elles font partie de nous, elles structurent nos esprits et nos gestes.

A l'audition, les touches blanches et les touches noires sont impossibles à distinguer en tant que telles. Contrairement à ce que le profane pourrait croire, toutes les touches noires ne sont pas des dièses ou des bémols, et toutes les touches blanches ne sont pas des bécarres (comme elles le sont dans la célèbre gamme de *do* majeur). En fait l'identité de la note correspondant à une touche, qu'elle soit blanche ou noire, dépend uniquement de la tonalité de l'œuvre et peut donc varier. L'inoffensif *do* bécarre, l'ami des enfants et des débutants, peut se transformer diaboliquement en *si* dièse ou en *ré* double bémol. Les compositeurs ne se privent pas de jouer ce genre de tours, qui n'effrayent d'ailleurs que les néophytes.

Les *marches* sont larges et accueillantes. Les *peintes* sont des coquines, intercalées à intervalles réguliers par groupes de deux ou trois ; plus exiguës, plus courtes, glissantes, difficiles d'accès. Les unes et les autres ont à faire exactement le même travail, c'est au pianiste d'adapter la position de sa main à la configuration du clavier, non à la partition de s'adapter à la main du pianiste.

La cinquième *Etude* de Chopin en *fa* dièse majeur, dite *La Négresse*, qui se joue *prestissimo* presque entièrement sur les touches noires, est pour cette raison d'une effrayante difficulté. La seule solution pour éviter les accidents de parcours semble être de la jouer de très près, avec des doigts traînant presque sur les touches, et donc moins enclins à tomber à côté de la cible. Autant que possible, comme le conseille Marie Jaëll, "on posera la phalangette du pouce fléchie en crochet presque dans toute sa longueur sur la touche noire".

De même, Schubert a pris soin d'écrire son troisième *Impromptu* en *sol* bémol majeur, une gamme rarissime qui comporte six bémols à la clef et qui force l'interprète à un contact permanent avec les touches noires. Toutes les notes de la gamme (sauf le *fa*), *si, mi, la, ré, sol, do*, sont altérées d'un demi-ton vers le grave. C'est un peu compliqué au déchiffrage, d'autant plus que les modulations font apparaître quelques bécarres ponctuels, et même ces curiosités que sont les doubles bémols (altération d'un ton entier vers le grave), mais un pianiste connaissant les bases du solfège s'habitue assez vite à suivre le texte. Cela se passe même plutôt bien, on ne pense même pas à toutes ces touches noires, car c'est l'oreille qui commande, c'est-à-dire Schubert. La ligne mélodique est simple, entraînante, et les modulations ont une telle évidence qu'au bout de deux ou trois déchiffrages, les notes deviennent à peu près justes.

Ce qui est important et difficile dans cet *Impromptu* (sublime !) n'est pas de maîtriser l'usage des *peintes*, ni même de jouer toutes les notes dans un tempo assez rapide : c'est de faire chanter les deux voix mélodiques, dans les aigus et dans les graves, tout en allégeant le toucher des petites notes intermédiaires, et en particulier les pouces qui doivent devenir semblables à des ailes d'oiseau. Or les aigus et les graves, qui doivent ressortir nettement, sont justement confiés aux quatrième et cinquième doigts de chaque main, *a priori* les plus faibles, ceux qu'il faut sans cesse renforcer.

Jacques Drillon me signale qu'il existe une première version, de la main de Schubert (1857), de ce troisième *Impromptu* dans la tonalité voisine de *sol* majeur. Un demi-ton d'écart avec la tonalité de *sol* bémol, à l'oreille c'est presque pareil, les auditeurs ne s'en rendent pas compte. L'avantage de la tonalité de *sol* majeur, c'est qu'elle ne comporte qu'une altération à la clef, le très familier *fa* dièse. Cette version a permis de classer cet *Impromptu* dans la catégorie des œuvres dites "faciles", se jouant presque entièrement sur les *marches.* En effet, l'écriture en *sol* majeur est réputée presque aussi simple que celle du *do* majeur qui ne comporte ni dièses ni bémols, et fait partie du bagage des débutants. Les sonates de Mozart, Haydn ou Beethoven considérées comme "faciles" sont écrites dans ces tonalités hospitalières, comportant peu d'altérations.

Y a-t-il une différence à l'oreille entre les deux versions de Schubert ? Cela peut se discuter. Le fait est que Richter et Argerich, entre autres, interprètent cet *Impromptu* en *sol* bémol, une tonalité qui possède, dit-on, un pouvoir d'envoûtement particulier. Mais pourquoi Schubert a-t-il finalement opté pour le *sol* bémol ? Peut-être justement pour le plaisir sensuel de jouer sur les touches noires ?

XVI

UN PETIT *SOL* DIÈSE DE RIEN DU TOUT

SEPT OCTAVES à ma disposition. Vais-je m'écorcher les oreilles ? Enfoncer une touche, produire un son, ce n'est pas rien, c'est un événement, une promesse, un risque. A quel instant précis, à quelle nanoseconde vais-je oser ce matin actionner mon petit doigt pour produire, par exemple, ce premier *sol* dièse de Rachmaninov, un petit *sol* qui doit être cristallin et fugace, comme la clochette d'un traîneau à l'horizon des steppes ? Au fait, à quel top des horloges atomiques mon cerveau va-t-il commander à mes muscles d'accomplir ce geste-là ?

Une expérience du neurophysiologiste Benjamin Libet, citée par Henri Atlan, a montré que cette question émane d'une idée fausse. Ce n'est peut-être pas le cerveau qui déclenche le geste mais, à l'inverse, le geste qui stimule le cerveau. Ce chercheur a pu faire ses expériences pendant des interventions chirurgicales sur le cerveau, avec la participation active des patients qui demeuraient conscients pendant l'intervention. Benjamin Libet leur demandait par exemple de faire un geste du bras en repérant sur un chronomètre l'instant précis où ils avaient pris la décision d'effectuer ce geste. En mesurant l'activité électrique du cerveau dans les zones cérébrales correspondant à la décision, d'une part, et à l'effectuation du geste, d'autre part, Benjamin Libet s'est aperçu que *le geste précédait la décision* d'environ trois cents millisecondes. Ainsi la décision d'agir ne serait pas la cause mais la conséquence de l'action, ou du moins un événement concomitant, peut-être simplement un aspect du geste.

Cette conclusion n'a pas de quoi surprendre les maîtres zen et les pratiquants du *budo* japonais, réputés capables, grâce au développement de leur sensibilité, de réagir au coup de pied de l'adversaire avant même que celui-ci n'ait pris conscience de sa propre intention d'agir. Comment le maître peut-il "prévoir" le geste de son adversaire ? Il le perçoit à l'instant de son émergence, avant même qu'il ne devienne une intention. La réceptivité, voici donc la clef, la vertu première. Dans cette perspective, l'attention à l'autre devient la condition de la survie. Une belle leçon de présence à autrui, qu'Emmanuel Levinas n'aurait pas reniée.

J'ai cité dans *La beauté du geste* le précepte fascinant du maître de sabre du XVIIe siècle Miyamoto Musashi : "Ne frappe pas pour gagner, frappe après avoir gagné." La trajectoire du sabre n'est pas le résultat d'une *décision* du samouraï. Cela vient tout seul, cela surgit du creuset de l'entraînement, de la fusion des automatismes en un geste unique, le geste juste, qui est dans un combat le geste mortel, et qui est au piano le geste le plus fidèle au désir du pianiste.

Dans *La pierre et le sabre*, qui raconte sous forme romancée les exploits de Miyamoto Musashi, de multiples attaquants essaient d'attaquer le samouraï par surprise. Chaque fois, ils se retrouvent avec son sabre sous la gorge. Même dans son sommeil, Musashi entend et voit ce qui se passe autour de lui, dans un périmètre de sécurité inviolable, construit par l'entraînement quotidien qu'il s'est infligé depuis des années ; clairvoyant, clair-entendant, le samouraï agit sans y penser, mais contrôle parfaitement son mouvement. Sans que la conscience s'en mêle, les automatismes acquis orientent ses gestes dans la direction juste, lui impriment l'intensité et la vitesse adéquates. L'étape de la "prise de décision", qui semble indispensable à nos esprits logiques, disparaît en tant que telle. Dans un guet-apens, pas le temps de tergiverser. Et pas de hasard. Le maître de sabre agit avant d'avoir conscience de ce qu'il fait. Il ne se dit pas *je donne un coup de poing*, il le donne. Et il vise juste. Il n'y pense pas, et pourtant il "sait" ce qu'il fait, au millimètre près. Ce qui peut apparaître comme un réflexe n'a rien d'instinctif. Ce qui jaillit n'a rien d'aléatoire. Car il serait malvenu de tuer l'adversaire par inadvertance !

Le pianiste fait confiance, lui aussi, aux automatismes engrangés pendant les heures d'étude. Quand tout va bien, quand il est convenablement "chauffé", quand les voisins ne donnent pas de coups de bêche sur les murs, ses doigts retrouvent non seulement les emplacements et les doigtés, mais aussi les nuances, les inflexions, tout ce qui est stocké dans la succession des gestes si souvent répétés. Et il lui arrive alors de jouer *sans y penser*, sans penser à rien, sans même rêvasser, en oubliant les notes pour se laisser porter par le flux et le reflux de la musique. Il ne décide pas de jouer cette série de notes, il les joue, voilà tout, avec chaque fois un élan neuf, comme si sa vie en dépendait.

Plus le morceau est complexe, et plus le recours aux automatismes devient une sécurité indispensable. Le cerveau et le doigt ne seraient rien l'un sans l'autre, ils s'entretiennent mutuellement avec le plus grand profit. Quand Chopin nous oblige à faire des acrobaties d'une main et des bonds de carpe d'un bout à l'autre du clavier avec l'autre main – qui doivent sembler faciles à l'auditeur, bien sûr – il est nécessaire de regarder le clavier pour se repérer dans cet ouragan, donc d'apprendre le passage par cœur et, pourquoi pas, le travailler les yeux fermés, de manière à l'inscrire, à l'imprimer profondément dans les muscles, les nerfs, les tendons, dans la moelle épinière, dans les yeux, dans les oreilles, enfin les doigts. Une fois cet apprentissage mûri et consolidé, nous dit-on, cela viendra tout seul. Acceptons-en l'augure.

Avant de le rompre, j'écoute le silence qui n'en est pas un. En attendant ma musique, les cloches de l'église, dans le jardin d'en face, se sont mises à sonner à toute volée. Au même instant, du moins me semble-t-il, la machine à laver, dans la cuisine, a mis en marche son essoreuse, qui fait au carillon du Sacré-Cœur le contrepoint d'une basse continue. Une voiture passe, des enfants crient, le petit train des touristes de Montmartre fait résonner son haut-parleur de kermesse. J'hésite à ajouter le son du piano à tous ces bruits qui se suffisent à eux-mêmes, qui suis-je donc pour convoquer les mânes de Rachmaninov dans le petit matin calme ? Ce qui déclenche le geste n'est pas une excitation cérébrale, ce n'est rien d'autre que le geste lui-même, et peut-être la musique elle-même, qui aspire à exister. Il faut le reconnaître, il existe une peur du clavier, comme il existe une peur de la page blanche – ou de l'écran vierge. Je m'exhorte à la sérénité, à l'audace.

— Tu n'as pas peur. Non, tu ne passes pas une audition. Non, ce n'est pas la peine de mettre la sourdine, les voisins ne vont pas t'envoyer les gendarmes.

C'est important, les voisins, et difficile à charmer. Ils peuvent facilement gâcher la vie des pianistes, surtout des amateurs qui ont tellement peur de déranger. On le sent bien, quand les oreilles du quartier sont hostiles. Il est des immeubles peuplés de gens hargneux qui ne disent pas bonjour, où l'on s'approche du piano en hésitant. On prend l'habitude de jouer du bout des doigts, de garder enfoncée la pédale douce en permanence, ou même de mettre la sourdine, de manière à jouer en demi-teintes même les passages *forte*. A vingt-deux heures, on s'arrête au milieu d'un morceau, pour ne pas recevoir de lettre outrée du syndic de l'immeuble. On a l'impression de vivre dans une pièce où les lumières sont tamisées, de marcher sur des œufs.

Malgré ces précautions, je peux me vanter d'avoir exaspéré un médecin généraliste sur la rive gauche, et d'avoir provoqué peut-être une apoplexie dans un immeuble de Montmartre. C'est en général quand j'étais immergée dans le passage le plus délicat ou le plus poignant d'un *Impromptu* de Schubert qu'un voisin dont je préfère ignorer le visage et le nom se mettait à cogner comme un sourd (!), avec un objet métallique, un marteau ou une bêche semblait-il, sur le mur d'immeuble qui séparait nos appartements. Un sadique, certainement, car non seulement il cognait de toutes ses forces, mais il frottait ensuite son marteau ou sa bêche sur le mur, ce qui le faisait horriblement grincer, et en vérité je grinçais de tous mes membres, tandis que je m'efforçais de continuer à jouer, pour ne pas lui faire trop de plaisir en arrêtant de jouer, mais avec l'impression d'évoluer en même temps sur deux planètes différentes. Il m'aurait coupé les mains avec plaisir, ce qui me désolait, j'aurais bien aimé lui faire plaisir avec ma musique.

Mais oublions ce saligaud, car voici que mon petit doigt se pose sur le fameux *sol* dièse cristallin-et-fugace, un petit *sol* dièse qui n'a l'air de rien. Avec un infime décalage, mon cerveau enregistre l'événement, si vite qu'il peut croire qu'il l'a déclenché. L'ai-je décidé ? Mis devant le geste accompli, notre cerveau se comporte comme l'artiste selon Cocteau : "Puisque ce mystère nous dépasse, feignons de l'avoir organisé." Mais le pianiste a bien autre chose en tête que de savoir si c'est son cerveau ou sa main qui agit quand il pénètre dans l'univers envoûtant de Rachmaninov.

Car le petit *sol* dièse appelle aussitôt les notes suivantes, des triples croches aériennes, à peine murmurées, formant une guirlande d'arpèges identiques qui procurent à la main une sensation de plénitude et de symétrie, et à l'oreille une atmosphère mystérieuse qui invite aux miroitements, aux sortilèges, à la magie des rencontres. Ponctuée dans l'aigu par les tintements de la clochette, *sol, solsol, solsol*, etc., cette frise musicale se joue avec une main droite élargie sur trois touches noires assez distantes les unes des autres, avec l'auriculaire, le médius et le pouce, et comporte un crescendo rapide suivi d'un diminuendo accéléré, qui donne une impression d'éloignement. La place est libre pour l'entrée de la mélodie, jouée par une main gauche aux accents de violoncelle, une mélodie venue d'ailleurs qui vient bouleverser ce monde cristallin. Un espoir est né au son des clochettes, mais déjà il s'estompe, s'éloigne et repart comme un traîneau sur la steppe glacée. Nostalgie et splendeur se conjuguent dans ce lever de rideau de trois mesures à quatre temps.

Le tempo doit être rapidissime, avec une sensualité frémissante qui se donnera libre cours plus loin, dans les ralentis romantiques indiqués par le compositeur *(meno mosso)*, qui invitent l'interprète à une certaine liberté d'expression rythmique. Les trois doigts actifs de la main droite doivent être à la fois solides et souples, en permanence presque collés au clavier (touches noires !), comme retenus à la surface des touches, de manière à réduire la distance de frappe et à contrôler l'intensité de chaque note, avec une prééminence naturellement accordée au cinquième doigt, l'auriculaire, le doigt des clochettes, qui marque aussi le rythme sur chaque temps de la mesure, et doit être à la fois précis et rêveur, descendre en piqué mais s'attarder une fraction de seconde au fond de la touche, de manière à faire reluire le son, comme un enlumineur passe une touche de vernis sur sa miniature. Les nuances doivent être réglées comme du papier à musique, c'est le cas de le dire, et mémorisées dans le détail, de même que les notes et les doigtés.

Une fois ce texte établi, tout reste à faire. Il y a cent mille façons de mettre en scène cette ouverture, de doser l'intensité des clochettes, de préparer l'énoncé du chant, de faire résonner le thème comme un appel solennel ou inquiétant. Quelle que soit la subtilité de la notation musicale, il reste toujours une place pour cette liberté de l'infime, ce gouvernement de la nuance, ce privilège de l'intention. L'interprète dispose d'une marge de liberté inaliénable. Une marge infime, à l'intérieur d'un cadre strictement précisé, mais une liberté qui change tout, un espace de création qui offre au je(u) du pianiste une immense palette allant du sirop à la grâce, du grandiose au grandiloquent, du médiocre au sublime. Cette liberté infime mais totale n'est pas seulement une chance mais l'objet même de sa quête, le sel de son art.

"Il est impossible de jouer exactement de la même manière qu'un autre pianiste. Heureusement, d'ailleurs !" me dit en riant la pianiste hongroise Gabriella Torma. Elle raconte que dans sa jeunesse, à Budapest, elle aimait tellement la manière dont Sviatoslav Richter jouait ce douzième *Prélude* de Rachmaninov qu'elle avait conclu avec elle-même un pacte diabolique : elle reproduirait dans les moindres détails cette interprétation merveilleuse. Elle écouta donc son enregistrement en boucle, fit de multiples allers-retours entre son électrophone et son piano, s'exerçant à copier méticuleusement le toucher du maître, ses respirations, ses accélérations, l'intensité relative des différents thèmes, sa manière de paraître surpris par une modulation particulièrement exquise. Elle y arriva tant bien que mal, une fois, deux fois. L'imitation était presque parfaite, mais elle ne ressentit pas le plaisir escompté. Le lendemain, quand elle rejoua son prélude, elle s'aperçut qu'elle s'était déjà écartée, sans le vouloir, de l'interprétation de Richter. Insensiblement, elle se réappropriait le *Prélude* et retrouvait son style personnel, non moins unique et inimitable que celui du maître. Au bout de quelques jours, il ne restait plus rien de sa tentative, sinon quelques audaces nouvelles, et peut-être une écoute plus fine de certains passages.

En musique, l'imitation n'est jamais servile et l'écoute attentive des maîtres est une ponctuation indispensable dans le cours d'un travail approfondi. Elle aide le pianiste à mieux connaître une œuvre, à en déceler les richesses cachées. Elle l'aide surtout à percevoir ses défauts, peut-être ses erreurs. Puis à prendre son envol avec ses propres forces. Elle favorise la naissance de l'interprétation proprement dite, qui permet à chaque pianiste de donner sa propre version d'une œuvre que des millions d'élèves rabâchent de par le monde. La morale de cette histoire, c'est que nous sommes condamnés à être libres. Dans son *Discours sur la dignité de l'homme*, Pic de La Mirandole nous avait prévenus, il y a plus de cinq siècles.

XVII

RENDEZ-VOUS MANQUÉ

J'ARRIVAIS en retard, je l'avoue, à ma leçon chez Mme Mitrofanoff. Pour la *préado* que j'étais alors, le piano était plutôt une habitude qu'une véritable passion. Nous avions déménagé et je n'allais plus chez Monsieur Martenot, mais il y avait cette dame exotique, tout près de la maison, qui enseignait la célèbre méthode russe.

A cette époque lointaine, le village de Vaucresson offrait encore, par endroits, des restes de campagne vierge. Mme Mitrofanoff habitait dans une impasse au fond de laquelle se dressait un mur de pierraille, haut de deux mètres, offrant des appuis faciles à nos chaussures d'enfant. On grimpait sur le mur, et on voyait l'immensité. Un pré à perte de vue, à perdre haleine, bordé dans le lointain de sous-bois, une vaste étendue sauvage, avec des herbes folles et des milliers d'oiseaux qui tourbillonnaient. J'ignore pourquoi nous n'avons jamais osé franchir ce mur pour aller nous ébattre avec les oiseaux dans cette immense friche, qui a fini par disparaître comme la forêt du Butard sous la lèpre pavillonnaire.

Mme Mitrofanoff ne m'a guère laissé d'autres souvenirs que cette proximité entre sa demeure et la vénérable muraille qui séparait les enfants du quartier des mystères de la nature et des illusions de la liberté. Si je l'avais écoutée, elle m'eût sans doute transmis des trésors, car elle était pianiste dans l'âme. Mais son âge me semblait canonique, son salon devait sentir le renfermé, et elle portait les cheveux en petites bouclettes, ce qui n'était pas mon genre de beauté.

En fait, je devais être une sacrée pimbêche, occupée de mes seins naissants plutôt que de travailler mes gammes. Je ne me souviens ni de ses cours, ni des morceaux appris sous sa houlette. Je n'étais alors qu'une élève de piano assez douée, mais sans aucune persévérance, et la pauvre dame dut peu à peu, vaincue par mon inertie, renoncer au projet qu'elle avait conçu de me faire jouer en audition devant son maître, dont le drôle de nom d'hiver est resté gravé dans ma mémoire : Jacques Février.

J'ai appris depuis qu'en effet c'était un immense artiste, ami de Poulenc, élève de Marguerite Long, admiré pour ses interprétations de Ravel et Debussy. Né en 1900, il avait cinq ans de plus que mon père, et il est mort en 1979, renversé par un motard sur une route de campagne. Je ne connaîtrai donc jamais Jacques Février, que j'aurais pu rencontrer dans les meilleures conditions, si je n'avais pas choisi de baguenauder dans les ruelles au lieu de faire cascader mes arpèges. Et me voici tout d'un coup inconsolable à la pensée de ce rendez-vous manqué.

Qui sait ? Il m'aurait écoutée avec bienveillance. Il faut imaginer que j'aurais peut-être joué convenablement ce jour-là, sans avoir les doigts qui tremblent, sans trop d'erreurs flagrantes. Jacques Février m'aurait parlé avec cette gravité spéciale qui s'adresse aux interprètes en devenir, il m'aurait vouvoyée comme Monsieur Martenot, il m'aurait sans doute encouragée, peut-être même aurait-il éveillé en moi un désir de musique si fort que je me serais mise enfin sérieusement au travail.

Ce pas décisif vers le fond du clavier, je ne l'accomplirai que bien des années plus tard, grâce à l'initiation exceptionnelle, reçue entre Sienne et Paris, de mon cher maestro André Boucourechliev.

XVIII

PIANISTE ET POLYGAM(M)E

AU FAIT, que je vous présente mon instrument. On s'attache, que voulez-vous. Chaque piano a sa personnalité, ses talents, ses points faibles. Je m'entends bien, et le mot est juste, avec mon Feurich droit de bois clair, à petites colonnes kitsch, de fabrication allemande. Plein de feu comme son nom l'indique, ample et sonore, avec des graves puissants, et de surcroît doté d'une sourdine, il ne prend pas toute la place dans l'appartement. Et même s'il m'arrive de pester contre ses aigus qui manquent de puissance, Feurich et moi avons cette relation pleine d'estime et de vigilance qui préside aux amitiés au long cours. D'ailleurs il suffirait peut-être, pour régler le problème des aigus, de faire piquer les feutres pour les regonfler, de manière à leur rendre leur souplesse d'origine.

Feurich remplace le magnifique Steinway de mon père en acajou vernissé, d'une extrême élégance, à la sonorité si claire que les fausses notes avec lui faisaient mal aux oreilles. Acheté par le client Pierre Gradwohl en novembre 1968, comme l'atteste le catalogue des clients Steinway que j'ai consulté avec vénération, il remplaçait notre grand Erard à bout de souffle. Il faut vous dire, ce petit Steinway, dit "crapaud", était vraiment glamour, aussi élégant et expressif que le voilier défunt de Cary Grant et Katharine Hepburn dans *Philadelphia Story* de George Cukor.

Rappelez-vous, tout en évoluant dans la piscine, la sublime Katharine chantait les louanges de cette goélette qui était aussi le symbole de leur amour disparu. *"Oh, yes, she was* yar *! She was really* yar *!"* *Yar*, c'était un mot étrange et inconnu, un mot qui voulait tout dire, la grâce, le nez au vent, l'aventure, la nostalgie. Notre Steinway avait beau porter le vilain nom de crapaud, il était vraiment *yar*, et nous avons navigué ensemble pendant de longues années. Il est aujourd'hui en de bonnes mains, chez Michel Cosnard, un amateur de talent qui le traite avec les égards dus à son rang.

On s'attache à son piano mais, soyons juste, dans certaines limites. Les pianos ne sont pas, comme les violons, des objets intimes que l'on emmène partout avec soi dans les villes étrangères. "Un piano, vous ne pouvez pas le prendre dans vos bras", constatait Yehudi Menuhin avec satisfaction. Le violoniste joue toujours sur le même instrument, dont il anticipe les moindres réactions. Le pianiste n'est pas l'usager d'un instrument unique mais naturellement polygame *(polygamme !)*, et doit savoir adapter instantanément son toucher aux pianos de rencontre. Même s'il possède à la maison un piano qui le satisfait, dès qu'il se met à circuler dans le vaste monde et à essayer des pianos dans des maisons, des studios ou des bars, il risque d'être gêné par de petites différences qui ne se devinent pas à l'œil nu. Ici, les touches lui paraissent très lourdes, difficiles à enfoncer. Ou au contraire trop légères, presque molles. Aussitôt, il modifie ses automatismes pour retrouver sur ce clavier inconnu l'équivalent du pianissimo ou du mezzo-forte qui lui viennent spontanément sous les doigts sur son piano personnel. Si les aigus sortent mal, il trouvera le moyen d'exagérer la pression habituelle sur le quatrième et le cinquième doigt de la main droite. Si les basses sont faibles, il versera plus de poids dans sa main gauche, et ainsi de suite. Ne parlons pas des touches défectueuses, des pédales traînantes, des *una corda* inopérantes. Toutes ces petites misères font partie de la dure initiation du pianiste.

Si le piano est désaccordé, le pianiste n'y peut rien, le pauvre, il ne lui reste qu'à adapter son écoute à l'obligation de jouer faux, pour se donner l'impression de jouer juste. Il doit être capable de naviguer par tous les temps et sur tous les terrains, dans une citrouille comme dans un carrosse, et produire malgré tout sa musique, celle qu'il aime, celle qu'il sait donner. Car l'auditeur, qui est sans pitié, ne sait pas (et ne veut pas savoir) que le *mi* bémol de la troisième octave est défectueux. La vérité toute crue, c'est qu'il s'en fiche pas mal, l'auditeur, des petites misères du pianiste, ce qu'il veut c'est être touché, transporté, il veut que le pianiste le fasse rêver, sourire et pleurer, et qu'il se débrouille avec les moyens du bord, et sur n'importe quelle rossinante ! C'est pourquoi l'un des talents du pianiste est de savoir jouer au pied levé (si j'ose dire !) sur tous les pianos et par tous les temps. Or, presque tous les pianos, à condition qu'ils soient dotés d'un cadre métallique leur permettant de tenir l'accord et d'une pédale à peu près réglée, même les vieux navires vernis noirs à la coque rayée et aux touches jaunes édentées, même les Pleyel d'âge canonique et de style nouille, porteurs de bougeoirs en cuivre, ont une capacité virtuelle d'expression qui doit leur permettre de répondre à votre amour. A condition de capter leurs secrets.

Un jour, quelqu'un m'a dit que l'ivoire avait besoin de lumière pour conserver sa blancheur. Depuis lors, sauf pendant mes voyages, je laisse toujours ouvert le couvercle de mon piano. J'ai beau savoir que les touches des pianos modernes ne sont plus en ivoire mais en plastique blanc légèrement teinté, ce qui est d'ailleurs préférable du point de vue de la survie des éléphants, j'ai l'impression de leur faire du bien, de les aérer, de les faire respirer. C'est une sorte de superstition. Et puis j'aime bien le voir, ce clavier, j'aime aussi sa présence, son silence, son sourire ironique.

A vrai dire, je déteste les pianos fermés. Plus exactement, je déteste les benêts qui les ferment, soi-disant pour les protéger de la poussière, alors qu'il suffit d'un coup de chiffon de temps en temps, que le pianiste passera volontiers lui-même avec patience sur chaque touche, blanche ou noire, car il n'est rien de plus déprimant que la sensation râpeuse d'une couche de poussière qui roule en boulettes sous la peau sensible de nos doigts. Qu'on se le dise, il existe des bandes de feutre ou de velours rouge qui protègent très bien les touches sans les rendre inaccessibles.

Encore plus irritants, les hôteliers et les restaurateurs qui ferment leur Bösendorfer de bar à clef, en l'absence du pianiste attitré venant déverser son aimable soupe à heure fixe. Comme si un piano était destiné à une seule personne, réservé à certaines heures du jour ! Corseté, muselé, chaste et sourd, le piano devient un meuble encombrant, un objet ostentatoire. On ne peut même pas lui soulever le couvercle, ne serait-ce que pour connaître sa marque, son nom. Qu'un violoniste refuse de prêter son instrument, chacun le comprend. La tension des cordes, la fragilité du vernis, la préparation de l'archet, tout est personnel et précieux dans un violon. Mais un piano convenablement accordé, surtout doté d'une sourdine, appartient à tous ceux qui ont les mains propres et les ongles bien coupés.

Notez que je n'ai rien contre les pianistes de bar, bien au contraire, ils savent créer une atmosphère dans les lieux les plus improbables. En fait je les envie, comme j'envie tous les "vrais" pianistes. Souvent, si on prête un peu l'oreille à travers le brouhaha et le cliquetis des couverts, on les entend s'exercer à jouer "leur" *Passacaille* ou "leur" *Barcarolle* entre deux

Valses musettes. Je les envie parce qu'ils savent improviser, parce qu'ils ne sont pas morts de trac, parce qu'ils ne font guère de fausses notes, en fait je les envie surtout parce qu'ils sont *obligés* de jouer du piano. Cela doit rendre les journées plus claires, et le plaisir moins coupable. Il devrait y avoir une loi pour décréter le libre accès aux pianos, comme cela existe pour les plages.

Imaginez une grande *Brésilienne* où les concerts auraient lieu deux ou trois fois par semaine. Au Moulin d'Andé, dans l'Eure, j'ai retrouvé une atmosphère paradisiaque, analogue à celle des soirées musicales de mon enfance. Le génie du partage, l'hospitalité, le sens de la fête, des pianos accessibles à toute heure du jour et de la nuit, jamais fermés à clef. Au Moulin d'Andé, comme à Vaucresson, le piano n'est ni coupable ni obligatoire, mais désirable et stimulant. Certes, ce ne sont pas de vaillants amateurs qui se décarcassent ici pour se faire plaisir entre amis, mais de vrais pros qui donnent de vrais concerts, des *pointures* comme Irakly Avaliani, Philippe Davenet, Anne-Marie Fijal, Tunde Hajdu, Alain Kremski, Alexandre Paley, Gabriella Torma, beaucoup d'autres, et pour ne citer que des pianistes. Tout cela est irrigué par "l'esprit Moulin", où j'ai reconnu la tonalité de mon enfance, et dont le principe actif appartient à l'initiative des deux créateurs de ce centre culturel pas comme les autres, Suzanne Lipinska, la prêtresse du lieu, et Maurice Pons, l'écrivain bien connu, auteur de *Rosa* et d'un effrayant chef-d'œuvre, devenu un livre-culte et déjà un classique, *Les saisons.*

Le Moulin d'Andé, souvenez-vous, on le voyait à la fin de *Jules et Jim*, le film de Truffaut. C'est un moulin hydraulique, classé, datant du XVIIe siècle, qui a survécu à tout et n'en finit pas de renaître. Les pianos n'existaient pas à l'époque immémoriale où le Moulin fut planté là sur ses jambes meulières, avec ses colombages rustiques et son toit pointu. Accroupi sur un méandre du fleuve, il est d'une solidité poignante, avec ses poutres bancales et sa grande roue. Un splendide domaine l'entoure, de grands arbres et des pelouses en pente douce, des passages secrets, des canards blancs piailleurs, des chants d'oiseaux, bref un lieu pour écrire et inventer, mais aussi pour dîner au frais sous les tilleuls, bavarder, musiquer.

Au Moulin, il y a aussi des chants d'oiseaux, des escaliers couverts de mousse, des lampions, des chaises oubliées dans l'herbe, des sous-bois, des feuilles mortes aplaties, des kiosques blancs à petits carreaux, des ponts rustiques, des talus envahis de ronces, de fraisiers, de toutes sortes de plantes que je ne sais pas nommer et croyez bien que je le regrette. Il y a le spectacle permanent, derrière les hautes fenêtres du Théâtre, des frondaisons agitées par la brise. Il y a les récitals improvisés dans le Café, les répétitions dans la Grange. Il y a les soirées au Pavillon autour d'amis pianistes.

Le moulin à farine est devenu un bouillon de culture, une forge à plaisirs. On ne compte plus les livres, les scénarios, les œuvres musicales qui sont nés ici. Mais surtout, chose extraordinaire, les amateurs en goguette peuvent s'amuser à changer de piano plusieurs fois dans la journée, à l'instar du "vieux Bach" en promenade avec l'empereur de Prusse. Et l'on peut trouver, dissimulés en chacun d'entre eux, une offrande subtile, un enseignement.

L'ancienne pièce de la Meule, qui sent si bon le bois ancien, est aujourd'hui un salon de musique. Une petite porte comme dans les contes ouvre sur une antique terrasse en bois aux planches disjointes. Vue idyllique sur l'amont du fleuve. On se croit dans un tableau de Corot, entre deux îles désertes où frémissent les peupliers. Des colverts se laissent dériver, des mouettes passent en criant. Cette année un couple de cygnes est venu nicher dans l'île, on voit les oisillons sécher leurs plumes au soleil. L'intérieur de la pièce n'a guère changé depuis le départ du dernier meunier. L'énorme meule de granite est encore en place, flanquée de son mécanisme monumental. A travers une vitre implantée dans le sol, on aperçoit la splendide roue de bois, récemment restaurée, qui barbote dans les eaux épaisses de ce petit bras de la Seine où nul bateau ne passe.

Le petit Pleyel quart-de-queue posé là, dans le coin à droite, semble appartenir à ce lieu de toute éternité, avec ses petites jambes contournées, ses pieds baroques chaussés de feuillages dorés. Il a une difficulté à exprimer certaines nuances et sa pédale douce est fatiguée, mais c'est tout de même une bonne bête, que l'on arrive à faire chanter en s'appliquant. Sous les doigts de Philippe Davenet jouant à l'improviste une sonatine de Mozart ou d'Alain Kremski dans un *Intermezzo* de Brahms, cet instrument capricieux devient magique. Attention, débutants s'abstenir, car les cloisons sont minces dans cette partie du Moulin, le bâtiment d'origine, et les habitants des chambres voisines, nommément Meunier, Jeanne d'Arc et les Pages, s'ils sont venus là dans l'espoir d'écrire un roman ou un scénario, risquent de maudire les faiseurs de gammes maladroits ou monotones.

De même il convient de faire un usage restreint du piano du petit Café qui sert de lieu de rencontre. Juché sur sa petite estrade, entouré d'instruments exotiques, ce vénérable Pleyel expose le pianiste trop consciencieux à assourdir les pensionnaires pendant leur petit-déjeuner, à exaspérer les lève-tard des chambres voisines. Heureusement, les pianos discrets ne manquent pas au Moulin. Il y a la Grange pour s'isoler, une maisonnette au bord de l'eau où ne viennent que les joueurs de ping-pong et où l'on peut donner libre cours à ses fantaisies sur un Kawaï très acceptable. Ou bien, la petite maison dite l'Isba, où un antique Pleyel de concert attend les hommages des pianistes de passage dans une grande pièce chaleureuse qui sert aussi de salle de réunion et de dortoir, et dont la baie vitrée donne sur toute la vallée. Il y a encore le piano du Théâtre, le piano de la Loge, le Pleyel du Pavillon, sans oublier le petit piano pliable dans la salle à manger, le rugueux Pleyel d'étude des Serres, le Gaveau cacochyme de la chambre Sénéchal, le Ruch rustique de la Pie-Rouge.

Le meilleur est le Steinway du Théâtre, le roi des rois, que l'on fait rouler jusqu'au bord de l'estrade pendant les concerts, mais qui reste le plus souvent dans un coin, à demi caché derrière les rideaux jaunes de la scène. S'il n'y a personne, par exemple au milieu de la nuit ou le matin très tôt, il est permis de se jouer à soi-même la grande scène du virtuose romantique en contemplant la danse des arbres dans le vent.

Si l'on est plutôt d'humeur à se retirer dans un abri antiatomique, soit pour déchiffrer l'*Appassionata*, qui ne supporte pas la médiocrité, soit pour travailler une *Etude symphonique* de Schumann tout en accords sautillants, la Loge est une retraite assez sûre, avec son Grotrian-Steinweg, somme toute convenable, et même excellent, bien caché derrière les rideaux jaunes, tout au fond du bâtiment. Protégé des oreilles indiscrètes, vous pouvez ruminer vos accords jusqu'à ce qu'ils s'incorporent à vos réflexes. Si vous voulez au contraire tester votre sang-froid en jouant en public, vous trouverez au Moulin quelques flâneurs mélomanes, et plus si affinités.

XIX

DANS LE PLACARD D'ANGLE

SOUVENT, j'ai *mangé des livres* comme nous l'a joyeusement prescrit Gérard Philipe dans une publicité, j'ai même eu d'énormes fringales de lecture. Mais jamais je n'ai fait mijoter mes classiques aussi longtemps que certaines œuvres de la littérature pour piano. Aucun roman, aucun poème n'est destiné à être lu et relu aussi souvent qu'une partita de Bach ou une sonate de Beethoven, pour en rester à la très féconde lettre B. Loin de là ! Un livre qu'on aime, on le relit une fois, cinq fois, dix fois. Pas mille ou dix mille fois. Un roman de Tolstoï, de Balzac, on ne l'apprend pas par cœur. On ne se le raconte pas tous les jours dans les moindres détails. Même le comédien qui incarne le Cid chaque soir au théâtre ne répète pas tous les matins, seul dans sa chambre, la totalité de ses répliques, en essayant d'améliorer la qualité de son jeu. Même les fables de La Fontaine ou la tirade de Cyrano, que l'on apprend volontiers par cœur, ne font pas l'objet d'une récitation quotidienne à la recherche du phrasé adéquat, comme cela se passe couramment avec un texte musical. Seul peut-être mon premier livre de classe, *Les aventures de Nicolas au pays des syllabes et des mots*, feuilleté sans relâche pendant des mois, a subi un sort comparable à celui de mes grandes muettes, je veux dire mes partitions, filles du génie, porteuses de rêves.

Une exceptionnelle intimité relie l'interprète à l'esprit du compositeur, à son énergie créatrice. Rien à voir avec un quelconque "savoir" que le pianiste obtiendrait par surcroît sur l'histoire de Ludwig ou de Franz. Mais enfin, des centaines, des milliers d'heures passées à lire, à relire, à jouer, à rejouer, à scruter, à travailler au corps les pages de cette satanée partition, avec une infinie patience, et sans aucune garantie de parvenir un jour à une interprétation acceptable. Cela crée des liens.

Le répertoire d'un pianiste amateur étant hélas limité par le temps, les œuvres avec lesquelles j'ai pu établir une intimité de ce genre sont assez peu nombreuses. Au total, quelques dizaines de pages imprimées, allons, deux cents pages environ, l'équivalent de deux gros cahiers. Elles sont classées à part, sur une table à deux étages. Chacune d'entre elles a été déchiffrée, relue, travaillée, répétée, scrutée, analysée, revisitée, rabâchée, perdue, retrouvée, reperdue, adorée, abandonnée. Ces pages me sont incroyablement familières, elles sont inscrites dans mes synapses, mêlées à mon sang, je les ai dans les doigts, sous la peau, dans l'oreille, en mémoire, il m'arrive même de les travailler en rêvant.

Pourtant, elles n'ont rien perdu de leur étrangeté ni de leur charme, bien au contraire. Cet *Impromptu* de Schubert en *la* bémol, le plus simple de tous, je ne le "comprends" pas plus aujourd'hui qu'hier. Je ne sais toujours pas pourquoi il me serre la gorge dès la première mesure. Cette *Arabesque* de Debussy n'a pas fini de m'enchanter. Ce prélude vibrionnant du *Clavecin bien tempéré* en *do* dièse majeur, truffé de touches noires, avec lequel mon père et moi faisions des concours de vitesse, cette *Fantaisie* de Mozart en *do* mineur aux mille couleurs, étudiés dans mon enfance, je peux les faire renaître à volonté avec leurs merveilleux atours. Malgré l'érosion des tournes répétées, une sonate de Beethoven imprimée par Durand et Cie n'est en rien abîmée ni modifiée par la manière dont elle a été jouée, que ce soit par un débutant ou par

Dinu Lipatti, elle reste là, telle qu'en elle-même, Belle au bois dormant, toujours prête à se réveiller.

Mon petit bagage personnel ne représente que la partie émergée de la bibliothèque musicale qui m'a été transmise par mon père. Cet intimidant héritage, qui comprend une grande partie du répertoire classique, remplit tout un placard d'angle et tend naturellement à envahir l'espace du salon. Il y a là de quoi occuper plusieurs pianistes leur vie durant, ce qui est à la fois exaltant et frustrant. Toutes les partitions que j'aimerais trouver le temps de déchiffrer au moins une fois dans cette vie. Les beautés divines que j'ai fréquentées assidûment à une certaine époque, puis délaissées. Celles que j'ai humées, courtisées, sans oser les toucher. Celles dont j'ai travaillé les premières mesures avec passion, sans parvenir à franchir l'obstacle d'une difficulté en haut de la deuxième page. Celles que je n'ai jamais ouvertes, et que je n'approcherai peut-être un jour qu'en tremblant de peur et de vénération.

Avec celles que j'ai autrefois étudiées et suis donc censée "posséder", la relation est ambiguë. Voyez comme c'est étrange, je m'en souviens, mais je les ai oubliées. En regardant la partition je peux "lire" quelques mesures, je retrouve le thème, je suis capable de suivre mentalement la ligne mélodique. Je me repasse le film, à la manière d'un violoniste ou d'un chanteur qui n'ont à suivre qu'une ligne de texte. Mais je ne suis pas Nicolas Nabokov, et cette lecture à sec – sauf dans le cas d'un morceau très simple – ne sert qu'à me mettre en appétit. Car la subtilité des harmonies, la complexité polyphonique m'échappent totalement, à tel point qu'au bout de quelques mesures de texte, je n'"entends" plus rien. Me voici donc obligée de rejouer cette page de musique, si je veux renouer avec elle. Une pellicule de film ne s'anime que si la lumière la traverse. Pour la piétaille du piano, la partition n'est rien sans un clavier à proximité. Rejouer pour renouer, et peut-être pour reprendre le cours de l'idylle ancienne.

Plaisir des retrouvailles ! Ma mémoire musicale, soudain activée, précise, exigeante, se met à anticiper la mesure suivante, épatée de ne pas être prise au dépourvu par une subite montée en puissance ou une gamme chromatique. Ma mémoire visuelle retrouve ses repères d'autrefois, les doigtés inscrits au crayon, les difficultés entourées, les commentaires d'un professeur, les triples croches qui font très peur mais qui ne sont pas si rapides que ça finalement. Ma mémoire gestuelle se rappelle un placement inhabituel de la main à la fin de cette section, l'amplitude exacte d'un accord, l'intervalle entre deux extrêmes, la position des pouces. La pratique du piano, c'est l'exercice de la concordance des sens.

Chères, très chères partitions, adorables et encombrantes, palimpsestes de souvenirs où la magie perdure ! Souvent, ce sont de nobles vieilles dames, dignes et résistantes, pâlies par les ans, ayant survécu aux pires traitements, déchiffrages sauvages, déménagements, classements, rafistolages, empilements. Sans me vanter, je peux dire qu'elles sont souvent beaucoup plus âgées que moi, il y a même des centenaires parmi elles. Celles qui ont été travaillées se reconnaissent au premier coup d'œil à leurs dos cassés, à leurs coins rabotés par les tournes fébriles. Souvent, elles portent les traces de leçons anciennes, points d'exclamation, flèches, doigtés modifiés au crayon, soulignements rageurs, passages entourés, commentaires, annotations en tous genres. Certaines d'entre elles ont été recollées il y a un demi-siècle avec du scotch aujourd'hui desséché. Il a fallu photocopier sous perfusion un exemplaire cacochyme des *Kreisleriana*, dont le papier tombait en miettes au moindre contact.

L'incendie d'une bibliothèque n'est pas toujours spectaculaire. Souvent, elles meurent à petit feu, par combustion lente. Depuis le XVIIIe siècle, avec la baisse de qualité du papier, le rythme de la destruction s'accélère paraît-il, comme tous les autres rythmes. Des milliers de documents conservés dans les Archives nationales ont déjà commencé à tomber en miettes. Quant aux textes que nous avons eu le malheur d'imprimer, vers la fin des années 1970, sur le "papier thermique" des premiers fax et des machines à écrire électriques, n'en parlons pas, ils sont déjà indéchiffrables. Heureusement, les partitions sont en général imprimées sur un papier très épais fait pour résister aux intempéries de la furie pianistique, assez solide pour être manipulé des milliers de fois. Et je trouve plutôt rassurant, finalement, de savoir que je trouverai toujours, dans ce placard d'angle, de quoi peupler mes jours et mes nuits.

Tiens, voici la *Fantaisie* de Schubert pour quatre mains. Une splendeur, un sommet. C'est un gros volume Peters tout en largeur, à la couverture bleu passé, qui contient ce chef-d'œuvre et quelques ritournelles. Je me souviens des temps lointains où je la découvrais avec mon père, enfin on essayait le début, si facile et si émouvant, alors que la suite devient une épreuve d'endurance, avec des passages acrobatiques et des rythmes compliqués.

Rituellement, j'étais chargée de la page de gauche, réputée *moins casse-gueule*, et me trouvais donc responsable des basses, de l'harmonie, des modulations, tandis que mon père faisait chanter la mélodie à la main droite. Tout aussi rituellement, dès la quatrième mesure, je me plantais en beauté, c'était désastreux, un malencontreux *ré* bécarre me venait sous les doigts au lieu du *ré* bémol indispensable, et tout l'effet de la belle mélodie était gâché. Un seul être vous manque et tout est dépeuplé ; une seule note vous manque, et la musique disparaît. Excédée par ma distraction proverbiale, je suis allée chercher un crayon et j'ai calligraphié très lisiblement ATTENTION AUX *RÉ* BÉMOL ! tout en haut de la page. Par la suite, j'ai eu l'occasion de défier cette *Fantaisie* avec des partenaires épatants. Et je peux vous dire que plus jamais je n'ai oublié cette modulation magnifique. Le remède a été efficace et le conseil est resté là, en haut de la page, pour les suivants, à tout hasard. Une faute de moins, c'est toujours ça d'enlevé à l'inharmonie des sphères.

Alors, pour rien au monde je ne gommerais ces traces de mes vies antérieures. Et il ne s'agit pas d'un vain fétichisme. Dans la musique classique, contrairement au jazz qui est naturellement *free*, le texte écrit impose sa loi à l'interprète, qui doit pouvoir s'y référer à tout moment. Sans une fidélité totale aux indications du compositeur, aucune interprétation n'est valable, ni même audible. (Mais bien sûr la fidélité ne suffit pas, loin de là. Le respect de la lettre n'est qu'un préalable. Si la soumission au texte était le seul critère, il n'y aurait aucune différence entre Arrau et Richter dans Schubert, entre Gould et Pires dans Bach. Absurde !)

Et bien sûr, aucune partition neuve ne pourrait remplacer ces précieuses archives. Les coups de crayon, notamment les doigtés de nos prédécesseurs, peuvent servir d'utiles raccourcis, car nous avons tendance à buter sur les mêmes obstacles, à nous emmêler les phalanges dans les mêmes pelotes. A la fin de la *Sérénade* du même Schubert, dans sa version piano, on rencontre des notes très aiguës ou très graves, dont la notation se fait largement au-dessus ou au-dessous de la portée de cinq lignes. Je retrouve inscrit en majuscules le nom des notes : *FA !* ou *DO !* Cela ne fait pas très chic, mais il faut le reconnaître, cela facilite le déchiffrage. Ne riez pas, voici à la dernière page de la petite *Fantaisie* de Mozart en *ré* mineur, calligraphié en grandes lettres élégantes par mon cher maître André Boucourechliev, le conseil suivant, que je m'efforce (en vain) de suivre : *Hysteria wanted !*

Cela dit, la partition ne doit pas devenir une béquille, il faut aussi apprendre à s'en passer. Le texte imprimé n'est qu'un marchepied, une voie d'accès à la musique. Une fois la partition apprise par cœur, le pianiste n'éprouve plus que rarement le besoin de l'ouvrir à nouveau, pour vérifier un détail du texte. Il peut ranger son édition Peters ou Durand dans le placard d'angle avec un sentiment de triomphe. Désormais il peut non seulement jouer mais travailler par cœur, ce qui lui procure de nouvelles sensations, des joies surprenantes. Cela coule de source, pour ainsi dire. Il entend autrement cette musique si familière, il s'en étonne, s'en délecte sans souci, il essaie plusieurs manières de jouer cette mesure, il expérimente. Et il peut même, luxe suprême, jouer certains passages en fermant les yeux. *Evviva la libertà !*

XX

HYSTERIA WANTED !

Ce rendez-vous-là, je ne l'ai pas manqué. C'est en 1987, à Pieve Asciata, non loin de Sienne, où nous passions nos vacances dans des maisons voisines, que j'ai rencontré André Boucourechliev et sa femme Jeanne, juriste de haut vol et de grande culture, grâce à des amis communs, tous deux musiciens amateurs d'excellent niveau. J'étais vaguement en quête d'un professeur et grâce à leurs encouragements, je l'ai pour ainsi dire "dragué", avec une certaine timidité, sachant que "Boucou" donnait parfois quelques leçons de piano à des élèves triés sur le volet, dont faisait partie Roland Barthes.

On l'ignore parfois, ce compositeur de musique contemporaine, et notamment de musique aléatoire, auteur des célèbres *Archipels*, et dont la voix chaleureuse était familière aux auditeurs de la *Tribune des critiques de disques*, la fameuse émission de France-Musique, était d'abord un pianiste dans l'âme. Il avait renoncé, non sans regrets, à une carrière de concertiste pour se consacrer à la composition, avec des créateurs de mondes nouveaux comme Luciano Berio ou Luigi Nono.

Né en Bulgarie dans une famille de haute culture, son oreille absolue de musicien-né lui permettait de parler couramment six langues sans accent. Il avait réussi à passer de l'autre côté du rideau de fer en 1948, à vingt-trois ans, en gagnant le premier prix d'un concours de piano, grâce à son interprétation du *Capriccio en do mineur* de la deuxième *Partita* de Bach et du *Concerto en mi bémol* de Liszt. Il avait eu la chance, ensuite, de travailler avec Walter Gieseking assez longtemps pour capter ses secrets, et se considérait comme son disciple.

Il écrivait des articles et des livres savants et sensibles où il s'interrogeait inlassablement sur les relations énigmatiques entre les sons et les mots, ainsi que sur le mystère de la création artistique, qui selon lui transcendait largement la biographie du compositeur. D'où vient la musique ? Que nous dit-elle, qui ne tient pas dans les mots, qui les déborde ? A-t-elle un sens dont on puisse rendre compte par les mots ? Ses livres sur la musique, son *Schumann*, ses deux *Beethoven*, son *Stravinski*, son *Chopin*, mais aussi ses ouvrages théoriques sur le langage musical sont aujourd'hui des classiques.

Il était d'autant plus intéressant de travailler avec lui qu'il avait entrepris de réhabiliter le rôle de l'interprète, trop souvent considéré comme un simple intermédiaire entre le compositeur et l'auditeur. Boucou y mettait toute sa très grande éloquence. Interpréter, c'était déjà créer. Il y avait dans la recherche de la sonorité la plus sensible quelque chose d'analogue au travail poétique. L'interprète avait pour tâche de créer un monde sonore certes éphémère et imparfait, mais unique ; il était indispensable non seulement à la vitalité des œuvres, mais à leur existence même. “Sans l'interprète, le texte serait orphelin.”

Pendant cette villégiature en Toscane, la musique circulait comme une eau vive entre les collines plantées de cyprès bien alignés, qui réussissaient à imiter les fonds de tableaux de la Renaissance. Dans une autre vie, notre ami le psychanalyste Jacques Trilling aurait été pianiste à coup sûr. Il compensait ses faiblesses techniques par un enthousiasme désarmant, tout en accompagnant avec élan son épouse Jacqueline Rousseau-Dujardin, elle aussi psychanalyste, parfois au chant, parfois au violon. Cette musicienne tout-terrain était aussi pianiste à ses heures, sa voix de tragédienne faisait merveille dans les *Rückert Lieder* de Mahler, puis elle m'imposait un train d'enfer dans la fameuse *Fantaisie* de Schubert. Son fils Jean-Christophe Rousseau passait par là de temps en temps, et joignait sa belle voix de baryton professionnel à ce concert non-stop. On allait chez les uns, chez les autres, une soirée était consacrée aux *Lieder* de Schubert ou de Schumann, puis on dérivait vers Mahler ou Monteverdi, pour lequel Boucou avait une véritable passion.

François-Joël Thiollier avait une maison dans le Sud de l'Italie, et nous avions parfois le privilège de sa visite. Il se jetait sur le piano comme un affamé et nous tenait sous le charme de Scriabine ou Debussy jusqu'à ce qu'il soit pris d'une énorme fringale. Il demandait en riant si le dîner était prêt, puis se mettait à jouer une sonate de Beethoven, en attendant les hors-d'œuvre. Pour moi, il représentait le *pro*, une émanation de l'absolu, l'habitant d'une autre planète. Celui pour qui tout est facile, qui sait tout faire avec un clavier, qui domine la technique comme un dompteur de fauves. *Au pied*, la technique ! Insolent et charmeur, avec une allure de fauve qu'accentuaient ses cheveux roux et bouclés, il n'avait guère changé depuis l'époque de *La Brésilienne*. Toujours plein d'allant, turbulent comme un gosse. Je reconnaissais cette légère crispation de la mâchoire qui lui venait en jouant, et disparaissait ensuite. Nous étions de vieilles connaissances, mais il m'intimidait toujours autant. Je ne l'avais pas revu depuis des années, depuis l'époque où il venait faire des duos endiablés à deux pianos avec mon père, notamment le fameux *Capriccio* de Stravinski qui reste pour moi absurdement associé à la baronne Orczy. Mon père était flatté qu'un concertiste de ce niveau accepte de jouer avec lui, et passait des jours entiers à répéter les passages difficiles pour ne pas le décevoir. Le moment venu, il relevait hardiment le défi et ce vaillant amateur forçait régulièrement l'admiration de François-Joël, qui évoque toujours la mémoire de son ami Pierre Gradwohl avec émotion et grande estime.

Quand j'ai connu "Boucou", il avait renoncé au piano depuis plus de vingt ans, et je crois pouvoir dire qu'il en éprouvait, quoiqu'il s'en défendît, une immense nostalgie. Je l'ai vu parfois, au long des années, par accès fiévreux, se remettre à travailler une *Etude* de Chopin ou un *Prélude* de Bach, puis renoncer de nouveau.

Il n'a jamais cessé, cependant, de déchiffrer ou d'accompagner ses amis chanteurs.

Je ne prenais plus de cours depuis des années, mais je n'avais jamais perdu le contact avec le piano et j'espérais avoir des bases suffisantes pour ne pas ennuyer un tel professeur. Il accueillit ma requête avec une joyeuse bienveillance et me donna ma première leçon en Toscane, sur un piano de location, dans une grande maison siennoise aux plafonds voûtés, qui avait conservé son atmosphère médiévale. Un immense arbre généalogique peint à la main étendait ses branches, de siècle en siècle, sur toute la surface d'un mur du grand salon, superbement indifférent aux roturiers de passage que nous étions.

André me demanda de jouer quelque chose, et j'exécutai timidement le *Moment musical* de Schubert en *do* dièse mineur, un morceau que j'adorais, apparemment facile, écrit avec simplicité, constitué d'alertes doubles croches à la main droite, accompagnées de croches pointées à la main gauche. En fait il s'agit d'une pièce délicate et précise comme une horloge, beaucoup plus difficile qu'elle n'en a l'air. André était d'une extrême courtoisie et ne fit aucun commentaire, mais fut, je crois bien, atterré par la légèreté de mon toucher, le manque de contrôle et d'expressivité, l'incertitude du phrasé, l'absence de hiérarchisation entre les sons, ainsi que par mon incapacité à modifier l'atmosphère du morceau dans les passages plus romantiques. En fait, je jouais à peu près les notes, voilà tout. Depuis longtemps, je me contentais de ressasser mes vieux morceaux par intermittence, mais cela n'allait pas bien loin.

Je le sentais, j'avais un urgent besoin de cesser de pianoter, comme je l'avais toujours fait. Il était temps d'aller *au fond du clavier*, de comprendre enfin ce que signifiait cette mystérieuse expression. Car malgré les efforts de certains professeurs, comme Hélène Boschi, qui m'avait habituée à une rigueur absolue, notamment dans Bach, je ne travaillais que par éclipses. Faute d'avoir fait l'effort d'apprendre mes morceaux par cœur, je restais incapable de jouer quoi que ce soit sans le secours d'une partition. En somme, je n'avais pas cessé d'être une jeune-fille-qui-jouait-du-piano, une image humiliante à laquelle je ne pouvais m'identifier. L'enseignement de Monsieur Martenot était resté dans les limites d'une initiation musicale supérieure, car n'étant pas lui-même concertiste, il n'avait jamais insisté sur l'aspect technique ni sur le toucher. Et je restais en surface du clavier, à tel point que j'avais du mal à évaluer les différences de sensibilité entre les pianos.

Avec son extraordinaire générosité, déguisée en docte sévérité, mais toujours tempérée par l'humour, Boucou allait me donner ce que je lui demandais, et bien au-delà. Il y avait de l'étrangeté à devenir l'élève d'un pianiste qui ne jouait plus, qui n'avait guère touché son clavier depuis un quart de siècle. Il y avait de l'émotion à recevoir à travers lui l'essentiel de ce que son maître Gieseking lui avait appris. Avec cette "filiation", on avait l'impression de jouer dans la cour des grands. Cet enseignement d'un savoir-faire oublié fut, pour lui aussi, une expérience passionnante, qui mettait sa mémoire au défi de retrouver des gestes qu'il était souvent devenu incapable de faire. Il retrouvait ses anciennes sensations à travers ce que ressentaient ses élèves, dont il suivait les progrès avec une attention extrême.

Il se souciait beaucoup de mes mains, dont il m'assurait qu'elles étaient en train de devenir "grandes", et vérifiait que je portais des gants en hiver. Je devais éviter de crisper les muscles de mes doigts en portant des paquets à bout de bras. Pendant les leçons, quand une main travaillait seule un passage difficile, il insistait pour que l'autre main reste au repos, de préférence posée sur la cuisse, paume vers le plafond, doigts détendus.

C'était une première approche de la sacro-sainte indépendance des mains, qui se travaille sous toutes les formes et n'a rien de spontané, la preuve en est que les débutants ont du mal à ne pas crisper inutilement la main qui ne joue pas. La forcer à se détendre, c'est déjà la dissocier de sa jumelle. De même, quand les deux mains sont actives, il semble que les doigts d'une main, surtout la main gauche pour les droitiers, ont tendance à bouger en symétrie avec les doigts de l'autre main – si la main droite joue *do ré mi fa sol*, la main gauche est tentée de jouer *sol fa mi ré do*, ce qui n'a évidemment aucun sens sur le plan musical (sauf exceptions remarquables, notamment quelques mesures dans la sonate *Waldstein* de Beethoven). Ainsi, contrairement aux apparences, jouer à l'unisson des deux mains, ne serait-ce que *do ré mi fa sol*, exige déjà un apprentissage qui remet en cause cette espèce de symétrie innée.

Il me demanda ce que je souhaitais travailler. J'en avais assez, lui dis-je, de patauger dans mon ancien répertoire, il me fallait du nouveau. Il accepta bien volontiers. Ce serait aussi une façon d'élargir un peu ma culture musicale, qui laissait à désirer.

Il ouvrit la partition de Schubert à la page du fameux *Impromptu* en *sol* bémol.

— Tu l'as travaillé, celui-là ?

J'avais souvent déchiffré cette merveille, mais ne l'avais jamais vraiment travaillée. Il me joua le début, pestant contre ses doigts en caoutchouc, mais l'esprit de Schubert était là, tendresse et passion, flottant dans le grand salon siennois.

— Ce sera très bien pour t'apprendre à utiliser les quatrième et cinquième doigts, ce sont eux qui jouent le thème.

C'est avec une grande émotion que j'ai abordé cet *Impromptu*, qui oblige en effet à dissocier non seulement les mains l'une de l'autre, mais aussi les doigts de la main droite les uns des autres, de manière à faire ressortir le chant des aigus, joués par les quatrième et cinquième doigts, sur le fond d'un friselis harmonique d'une subtilité incroyable, exécuté par les trois autres doigts. Sans oublier les basses, à la main gauche, que le débutant, absorbé par le travail de la main droite, a tendance à négliger, ou à fondre dans une masse informe.

— Il faut renforcer tes cinquièmes, à droite comme à gauche ! Et les pouces, au contraire, légers, légers…

Tel fut donc le premier travail que me proposa Boucou en urgence, plus conscient que moi de l'étendue du désastre, avec le secours de Schubert. C'était le b. a.-ba, qui consistait à hiérarchiser les sons de manière à produire une musique qui ne fût pas une purée sonore. Je comprenais peu à peu, alors que la mélodie émergeait sous mes doigts extrêmes, que chaque note diffère de la précédente et de la suivante en intensité comme en intention, que toutes les notes sont reliées entre elles, de la première à la dernière, qu'il n'existe pas une telle chose qu'un son isolé, et que même une note encadrée par des silences s'inscrit dans cette continuité. Et je retrouvais ce que m'avait dit mon père : dans une partition, rien n'est secondaire.

C'est ainsi que je pris l'habitude de me rendre rue du Pré-aux-Clercs, dans cet appartement d'une élégance très parisienne, où les nuances de gris de l'ameublement faisaient ressortir les couleurs des tableaux abstraits. Le Yamaha se trouvait dans le bureau d'André, une grande pièce contiguë au salon, où j'eus quelquefois la chance de contempler, sans pour autant savoir les lire, les grandes partitions originales des *Archipels* à la troublante beauté graphique, avec leurs paquets de notes jetées sur des portées nomades.

Les cours se déroulaient selon un rituel immuable. En arrivant, je me passais les mains sous l'eau tiède, puis je m'asseyais au piano et j'attendais, en sachant que je ne devais pas effleurer les touches, quel que soit mon désir de le faire, pendant que Boucou préparait son tabac et s'installait dans sa chaise en toile de cinéaste, à côté de moi.

Après ce rituel propitiatoire, il me donnait le signal, et c'est lui qui décidait de l'ordre des morceaux pendant la séance. En commençant par Bach, comme il était d'usage, et qui était "parfait pour se chauffer les doigts". Selon Boucou, sur ce point totalement fidèle à la tradition des conservatoires, on devait toujours avoir un morceau de Bach en chantier. C'était le minimum syndical ; on travaillait une œuvre qu'on aimait passionnément, par exemple Beethoven, Schumann, Mozart, Schubert, etc., mais on gardait en chantier ce *Prélude et Fugue*, cette *Partita*, tout en ambitionnant de s'attaquer un jour aux *Variations Goldberg* ou aux *Toccatas*.

Il me laissait toujours jouer mon morceau jusqu'à la fin avant de le reprendre et de le décortiquer. Boucou était un maître exigeant, et n'acceptait pas l'à-peu-près. J'avais l'habitude de me passer certaines fautes ou approximations dans les passages difficiles ou dans les transitions, voire à la tourne d'une page, en me disant *ce n'est rien, je ferai mieux la prochaine fois*. Les amateurs ont tendance à s'accorder de petites indulgences. André m'a appris à traquer et à pourfendre ces facilités. Il n'y a pas de prochaine fois ! Il y a maintenant, rien d'autre. Quand le pianiste arrive à un passage qui coince, l'élan se brise et il lui faut ensuite remonter la pente. Il se débrouille comme il peut et parvient même à faire illusion une fois sur deux. Mais il vaudrait mieux éliminer l'obstacle, le franchir en beauté, de manière à sortir de ce piège par le haut, au lieu de ruser comme d'habitude ou de tricher tant bien que mal. Si l'examen du passage problématique est perpétuellement remis aux calendes grecques, il sera impossible de finaliser vraiment une interprétation. Cette propension à l'inachevé, justement, se trouvait être l'un de mes (nombreux) défauts.

Boucou ne lâchait pas la bride :

— Pour attraper ce *fa* dièse, il faut le dé-si-rer !

Il m'obligeait à continuer le travail sur le premier *Intermezzo* de Brahms de l'opus 117, que je croyais connaître parfaitement, sans réussir toutefois à hiérarchiser les sons de la bonne manière. Il m'apprenait à économiser mes gestes au lieu de prendre mon élan vers la touche de très haut dans le vain espoir de muscler les doigts, au risque de les crisper. Il me fit comprendre la nécessité paradoxale d'avoir des doigts aussi fermes que légers pour jouer *pianissimo*. Il fut le premier à me conseiller de jouer le plus possible au milieu de la touche, ce qui a pourtant l'air évident ; je n'y avais jamais songé.

Boucou sortait peu à peu ses atouts, me faisant découvrir, à mesure de mes progrès, toute une littérature pianistique de difficulté moyenne comme *Voiles* de Debussy, la *Berceuse* de Chopin, ce petit bijou "construit comme un raga indien", la *Fantaisie* en *ré* mineur de Mozart ou le très acrobatique *Capriccio* de la deuxième *Partita* de Bach, grâce auquel il avait pu franchir le rideau de fer et qu'il rêvait de me voir maîtriser. Mais pour établir des fondations solides, me dit-il, il était indispensable de travailler les *Etudes* de Chopin, qui forment une sorte de répertoire des principales difficultés techniques. Elles ne m'ont plus quittée.

Par exemple, la première de l'opus 25, en *la* bémol majeur. Une splendeur archiconnue mais qui ne peut lasser, une de ces merveilles qu'on emporte sur son île déserte, un de ces chefs-d'œuvre qui même rabâchés ne deviennent jamais familiers – devient-on familier avec le Parthénon, même si l'on s'y promène tous les jours ? Cette *Etude*, je l'adore. La nuit, pendant mes insomnies, je me la raconte en silence. Mon père la travaillait par intermittence et j'ai entendu le pianiste brésilien

Nelson Freire la jouer un dimanche matin au théâtre des Champs-Elysées. La mélodie se déployait, étincelante, sur les vagues des petites notes comme la lumière à la surface de la mer. Dans son livre sur Chopin, Boucourechliev en parle comme de l'une des premières œuvres impressionnistes pour le piano, une "poussière lumineuse qui annonce Debussy".

Je m'aperçois que seul un toucher à la fois élastique et bondissant permettrait de faire résonner comme il convient, c'est-à-dire passionnément, les quelques aigus périlleux de la fin, notamment celui qui exige un grand bond vers le haut, un aller-retour du bras sur trois octaves, rapidissime mais non moins précis. Pas évident d'arriver pile sur la bonne note au moment juste, sans tomber à côté, de se poser bien au milieu de la touche, sans l'écraser, sans glisser sur le bord, avec le poids précis, contrôlé, avec l'inclinaison juste du bras, et bien sûr sans interrompre la grande houle des arpèges ni les acrobaties de la main gauche – et d'en repartir avec la même vélocité sans pourtant se presser de relever le doigt, et surtout sans négliger de faire glisser sur la touche, d'avant en arrière, vers la paume ce doigt qui ne fait que passer mais qui doit pourtant produire une sonorité adéquate, et si possible inoubliable ! Comment faire pour que cette note, le point culminant de cette *Etude*, soit exactement ce qu'elle doit être, un sommet, un cri déchirant ? Comment parvenir à cette éclatante hiérarchie entre la mélodie, jouée par les quatrièmes et les cinquièmes doigts des deux mains, les plus faibles, et les vaguelettes intermédiaires qui doivent respirer de manière presque impalpable, et qui sont jouées par les premiers doigts de la main, les moins délicats, et notamment par les pouces ?

XXI

PASSAGE DU POUCE

A PROPOS, comme chacun sait, c'est le pouce qui fait l'homme. Apanage de l'*Homo faber*, dit "opposable", le pouce donne à la main le moyen de former une pince et de saisir un objet. Le propre de l'homme, c'est qu'il peut emporter ses bagages avec lui. Sur un clavier d'ordinateur, le pouce est surtout préposé à la fabrication des espaces. Au piano, cet éternel opposant contrarie nos efforts pour le faire fonctionner comme les autres. Rien à faire, il n'est pas comme les autres, il est différent, il est le mouton noir de la main. Placé sur le côté, il n'a que deux phalanges au lieu de trois, ce qui le rend courtaud et solide à la fois. C'est le paradoxe du pouce, car ce gros balourd doit devenir aussi performant, alerte et subtil que les autres doigts. Renforcer le cinquième, alléger le pouce. Tout l'équilibre interne de la main est conditionné par cette exigence.

Le pouce est réputé pour les innombrables problèmes créés par sa bizarrerie anatomique. A l'époque de la musique baroque, et jusqu'à Bach, les interprètes avaient résolu la difficulté en décidant de s'en passer. On jouait avec quatre doigts, ce qui devait obliger les clavecinistes à une invraisemblable mobilité de la main. Comment faisaient-ils leurs traits, leurs gammes ? Sans doute compensaient-ils l'absence du pouce avec des sauts rapides de la main, qui ne s'entendaient pas au clavecin où le legato n'a pas la même consistance. Mais que faisaient-ils de leur pouce inutile ? Tenaient-ils ce gêneur replié sous la paume, ou écarté, en rappel, permettant de rééquilibrer le poids de la main ?

Le pouce est formidable, aux deux sens du terme. Solidement enraciné par les muscles et les tendons à l'intérieur du poignet, il communique directement avec l'auriculaire, lui aussi fermement relié au poignet. Il est responsable du grand écart de la main, si souvent nécessaire. Faire un bon usage du pouce est une épreuve de réalité. Le pouce est latéral, il a son propre mode de fonctionnement. Il ne rencontre pas la touche avec le gras de la pulpe, comme les autres doigts, mais avec le côté externe de sa seconde phalange. Le pouce est notre nain personnel, il y a en lui quelque chose d'inachevé. Souvent, au lieu de s'adapter à la loi de l'anatomie, on essaie de le placer face à la touche avant de l'enfoncer, ce qui déséquilibre le reste de la main, et fait basculer vers l'extérieur ce fragile écosystème. Erreur fatale !

Dans une *Etude symphonique* de Schumann, le pouce gauche détient le thème et le fait résonner avec brillant, tandis que le pouce droit redouble chacune des notes émises par le pouce gauche, mais en écho, effleurant à peine la touche. Ce jeu des pouces donne au pianiste la sensation d'une sorte de claudication, d'une étrange boiterie volontaire. Le pianissimo du pouce droit demande un toucher d'une extrême légèreté, mais qui doit rester assez pénétrant pour ne pas rater sa cible. Le risque du *PP* ou du *PPP*, c'est le silence intempestif. Rien de plus humiliant que de fouetter la touche sans produire de résultat sonore, rien d'autre qu'un battement d'ailes dans le vide. C'est pourquoi le pianiste aspire à un contrôle efficace, qui n'est pas seulement nécessaire, mais aussi désirable.

Classiquement, les élèves butent sur le célèbre “passage du pouce”, qui en réalité n'existe pas. Cette expression donne à penser qu'il faudrait habilement replier le pouce sous la paume pour atteindre une note qui se trouve plus haut (plus à droite, dans le cas de la main droite). L'expérience montre que ceci n'est pas nécessaire, car si la main tout entière se déplace avec une vitesse et une sécurité suffisantes, le pouce se retrouve naturellement face à la touche qu'il vise, sans avoir besoin de se contorsionner. Le confort avant tout. Bien dans son pouce, bien dans sa tête, *telle est notre Venise.*

XXII

CHOPIN, SI TU SAVAIS

LE TRAÎNEAU de Rachmaninov s'éloigne, les cloches de Montmartre se sont tues, les bruits de l'immeuble reviennent au premier plan, la machinerie de l'ascenseur, des gens qui bavardent dans l'escalier tandis que la machine à laver continue sa morne course, et voilà que mes mains, obéissant à un ordre que j'ignorais leur avoir donné, plaquent les premiers octaves du *Finale* de "ma" sonate de Chopin en *si* majeur. Et se relèvent, et s'immobilisent. Consternation.

Clap ! On la refait ! Rien ne va plus, faux départ. Là où on attend de l'autorité, de la témérité, une montée dramatique, je n'ai entendu que timidité, hésitation. C'est bien mollasson, tout ça ! J'ai envie de fouetter mon piano. Du feu, Feurich ! Que diable, souviens-toi, ces quelques octaves sont les marches du temple, les principes du récit qui s'annonce. La tragédie s'approche à pas de loup – à quatre temps. L'attente s'intensifie à chaque mesure de cette première ligne, jusqu'à la question en forme de cri, cet appel déchirant suspendu dans l'aigu *(mi, ré)*, qui va déclencher un déluge de musique. Un suspens musical qui est l'équivalent du *suspense* narratif créé par un romancier au début de son polar. Il faudra à Chopin rien de moins que tout ce *Finale* en forme de maelström, écrit d'une seule coulée, d'un seul tenant, avec de grandes marées toujours recommencées, pour répercuter les échos de ce premier cri, les deux derniers accords de cette première page, arrachés au pauvre cœur des hommes.

La musique de Chopin n'a rien de mièvre ni de sucré, contrairement à ce que d'aucuns imaginent pour avoir entendu deux ou trois *Valses*. Dire qu'il est un novateur génial ne suffit pas. Pour le pianiste au travail, il y a là un univers avec son propre espace-temps et toutes ses galaxies, ses gravités, ses attracteurs étranges, ses vitesses de libération, ses traînes célestes. En d'autres termes, une éducation spécifique de l'index, une formation complète pour la main gauche, une initiation à la vélocité. Et puis une musique qui vous emporte au-delà de vous-même.

Voici plusieurs mois que j'ai faussé compagnie à ce terrifiant *Finale*. Abandonné en l'état, à moitié mémorisé. Trop difficile pour moi, nettement au-dessus de mes forces, mais cela fait partie du plaisir, le défi technique est le chiffon rouge du pianiste. Plus c'est difficile et plus on s'amuse, plus on s'acharne, pas vrai ? On s'y colle pour des semaines, et cela dure des mois, que dis-je ? des années.

J'avance dans mon *Finale* comme une revenante dans une ville abandonnée. Avec une lenteur éprouvante. Il me faut une bonne heure pour l'ânonner jusqu'à la fin, alors qu'il ne dure théoriquement que quatre ou cinq minutes. Certains passages ont assez bien résisté, mais des fragments entiers se sont écroulés, l'ensemble forme un amas de ruines sans aucune cohérence. Quant aux finitions, mieux vaut ne même pas en parler à ce stade. J'aperçois, ici et là, des terrassements mal finis, des échafaudages vacillants, des copeaux en vrac, des outils en désordre. Que reste-t-il de ces mois passés à construire un édifice trop ambitieux pour mes faibles forces – et surtout pour le temps dont je dispose ?

Reprenons du début, cette fois sera la bonne ! Lentement, une mesure après l'autre, une main après l'autre.

— Ne néglige aucun détail, rien n'est secondaire dans une partition !

Respecter les rythmes, vérifier les doigtés, revisiter les traits, accentuer le phrasé. J'envisage avec ardeur une reconstruction ordonnée, une mise à plat, un atelier de campagne traversé par les lueurs du couchant, des râteaux alignés, des gerbes de foin bien roulées dans leur coin, de longues tables à tréteaux recouvertes de pochoirs, grattoirs, pinces, scies à bois et à métaux, classés par utilité et par ordre de taille. J'anticipe des heures, des mois de patient labeur. Sisyphe, vous dit-on.

Mes deux mains se placent en serres d'aigle au-dessus des graves, dans la moitié gauche du clavier, les pouces et les cinquièmes exactement au-dessus des quatre *fa* dièse. Reprenons. S'exercer à faire des bonds précis en montant d'octave en octave, sans peur et sans filet, et pourquoi pas les yeux fermés. Monter les marches quatre à quatre, avec l'aisance d'un danseur. Surtout ne pas penser à Chopin, surtout ne pas se dire : "Oh le pauvre, il se retournerait dans sa tombe s'il m'entendait ainsi massacrer son ouverture."

Il y a déjà une quinzaine d'années que je me suis laissé fasciner par cette sonate au point d'en risquer l'escalade. Dans la sombre clarté de ce thème en *si* mineur qui revient, obsédant, jusqu'au grand cri final, il y avait un défi, une mission impossible, je le sentais dans mes doigts. Un travail qui serait peut-être interminable, comme l'analyse selon Freud. Mais qui m'obligerait à progresser, à perfectionner les techniques expérimentées dans les *Etudes* sous la houlette de Boucou. Des centaines d'heures, ne serait-ce que pour déchiffrer le texte jusqu'à la fin, à une vitesse d'escargot. Un temps assez long pour que se créent des automatismes, pour obtenir que mes doigts se dirigent "spontanément" vers la note juste, libérant l'esprit pour d'autres tâches urgentes. Travailler les transitions, les entrées de thèmes, qui sont les portes de la musique, permettant de passer d'un rêve à l'autre. Apprendre consciemment par cœur ce qui ne s'est pas inscrit de soi-même dans la mémoire. Dès que possible, fermer les yeux. Ou au contraire balayer le clavier du regard. Grandir en rigueur et en liberté. Monter peu à peu le tempo, jusqu'à jouer à une vitesse audible, mais nettement plus lentement que Mme Argerich, championne toutes catégories. Et puis recommencer le tout, lentement, minutieusement, redéchiffrer la partition du début à la fin, revoir l'équilibre des rythmes en trois-pour-quatre, vérifier l'état des fondations, faire un tour de plus sur la grande spirale…

Cette fois sera la bonne ! Reprendre l'ascension sans souci de parvenir au sommet, pour la moisson de fleurs sauvages sur le bord de la route. Monter la barre, rendre les mains plus solides, plus sensibles, affermir leur structure, ressentir les flux qui les traversent, délier les doigts, les assouplir, les renforcer, travailler la précision du toucher, le mouvement du poignet, relier les mains à l'oreille par les chemins secrets, cultiver l'art des résonances, contrôler la pédale, affiner son écoute, exercer sa mémoire.

Retrouver, revivre, retraverser, revivifier les émotions, les états successifs, la fébrilité, l'urgence, puis la fougue, la ferveur, la férocité, la joie, s'enivrer "au même instant" que Chopin d'un accès de tendresse, d'une dissonance inattendue, d'une mélodie apaisante, d'un contrepoint fugitif, jouer avec les nuances de ce noir, l'atmosphère de ce soir, s'inquiéter d'un retour prématuré à la tonalité, retenir sa respiration au point d'orgue, faire attendre la suite, puis repartir à l'aventure, revenir au tempo, reprendre la promenade, faire lever les couleurs, animer les ombres, et tout cela sans négliger les transitions !

Et tout de suite recommencer, approfondir, écouter mieux, accueillir plus profondément la musique. Et s'étonner encore, pour mieux la servir. Pour tenter de rejoindre la pensée musicale de Chopin telle qu'elle a jailli à l'instant où il a composé cette musique incroyable.

Le pianiste au travail prend le temps de se laisser envahir, avec l'espoir de s'immiscer dans le rêve du compositeur, à la source, à l'instant même de son surgissement. Il retrouve peut-être l'élan, le style, l'humeur. Cependant, l'énigme reste entière. Nous avons beau savoir à quelle époque de sa vie, dans quel contexte historique, et peut-être à quelle heure du jour, sur quel papier, avec quelle encre et quelle plume d'oie Chopin a écrit le *Finale* de cette sonate, cela ne nous avance pas d'un iota quant à la question qui revient à chaque mesure : *mais comment fait-il ?*

On imagine que Monique Peytral, l'artiste qui a reproduit les peintures de Lascaux dans la seconde grotte ouverte en 1983, a dû faire une sorte de voyage dans le passé, pour s'identifier aux gestes des artistes de la préhistoire. Il est troublant, n'est-ce pas, que nous sachions reconstituer dans ses moindres détails la séquence de mouvements effectuée par ce peintre quand il a dessiné trois chevaux bondissants sur le plafond de ce diverticule. Un artiste dont nous ignorons tout, le sexe, le visage, les croyances, mais dont nous admirons le génie, est venu dans cette grotte il y a environ dix-sept mille ans. Il s'est faufilé jusqu'à ce diverticule, il s'est assis sur le sol et adossé au mur d'en face pour peindre plus commodément. Son vêtement de peau a laissé sur le mur une infime trace de poussière organique. Il a posé sa semelle de cuir sur tel rocher, il a manié son pinceau de la main droite, il a d'abord dessiné le cheval de gauche, en commençant par la crinière, etc. Oui, nous savons exactement ce qui s'est passé pendant ces cinq minutes-là, nous savons comment cet artiste a travaillé. Nous pouvons deviner son geste et l'imiter, revivre cet élan. Cependant nous ignorons tout de ses motivations.

A propos de ce *Finale*, André Boucourechliev écrit dans son livre sur Chopin qu'il est construit "de façon à augmenter sans cesse la pression sur le thème principal, partant d'une écriture légère qui va s'appesantir tout au long, augmentant de force, de masse, de puissance de l'accentuation". J'avais choisi depuis longtemps le titre de ce livre quand j'ai réalisé, en relisant cette phrase, que ce *Finale* qui m'obsède n'est rien d'autre qu'un immense, un haletant crescendo.

XXIII

GAUCHE, MAIS ADROITE !

APRÈS une brève interruption, les travaux de voirie ont repris de plus belle dans notre quartier, le marteau-piqueur qui s'acharne sur le trottoir d'en face sature l'espace sonore. Je rêve de pouvoir me fermer les oreilles comme on ferme les yeux. N'ayant pas de paupières, nos oreilles sont terriblement vulnérables. Cependant le moment est idéal pour travailler discrètement ce passage technique d'une *Etude* pour la main gauche, par exemple la *Révolutionnaire.* Les voisins n'entendront presque rien dans ce tintamarre.

Ah, la main gauche ! Avec le quatrième doigt, dont la dépendance vis-à-vis du médius exaspérait Schumann, elle reste le problème principal du pianiste qui n'a pas la chance d'être gaucher. La main droite en général se débrouille pour faire entendre sa voix. Elle répond aux instructions sans leur opposer trop d'inertie. Etant souvent responsable de la mélodie, elle tend naturellement à devenir expressive, à se distinguer de l'accompagnement qui recule dans le pianissimo comme les fonds de tableaux de la Renaissance se réfugient dans le lointain.

Mais la gauche est une rebelle, une rétive, une paresseuse, toujours à la traîne, qui exige un dressage spécifique et permanent. De grandes choses lui sont demandées, notamment dans la musique romantique. Elle fournit les piliers de l'édifice, les basses, les harmonies, elle doit faire des sauts fréquents, et doit être capable, non moins que la main droite, de dérouler des traits limpides et perlés.

Tout ceci est évidemment théorique, car souvent nos deux mains sont appelées à collaborer étroitement, à faire à peu près le même travail. Au fond, elles jouent la même musique et peuvent même parfois se croiser.

La main gauche n'est pas l'accompagnatrice de la droite mais une musicienne à part entière. D'ailleurs, à l'oreille, la main droite et la main gauche ne se distinguent pas. Je pense à Glenn Gould qui aimait travailler pendant que la femme de ménage passait l'aspirateur. Fascinant garçon, éternel jeune homme aux yeux de feu, et à la main gauche somptueuse. Pendant des mois, j'ai écouté en boucle son *Clavier bien tempéré*, je me suis shootée à sa main gauche, qui ne cesse jamais de “dire” quelque chose.

XXIV

JOUER AVEC LES PIEDS

RAPPELONS qu'un piano, comme une voiture, comporte principalement deux pédales, celle de gauche et celle de droite. Celle de gauche est la parente pauvre. En voiture elle sert à freiner. Au piano, la pédale de gauche a aussi quelque chose d'un frein. (Attention, la comparaison a ses limites. Maurice Pons, qui est l'auteur, entre autres, du *Festin de Sébastien N.*, la bouleversifiante histoire d'un mangeur de voitures, me fait remarquer que dans nos automobiles européennes sans embrayage automatique, le frein est au milieu et non à gauche, et qu'il s'utilise avec le même pied que l'accélérateur, ce qui nous évite heureusement de freiner et d'accélérer en même temps.) Dite "pédale douce", la gauche permet d'atténuer le son en étouffant la résonance de deux cordes sur trois, d'où l'indication *una corda* sur les partitions.

La pédale de gauche modifie légèrement le son du piano en lui ajoutant quelque chose de velouté qui permet au pianiste de chuchoter. En peinture, on dirait qu'elle enlève le brillant, le vernis des couleurs pour ne garder que leur texture mate. Elle a mauvaise réputation dans les écoles de musique où l'on considère qu'un pianiste digne de ce nom doit être capable de jouer *pianissimo* sans utiliser cette béquille. Souvent, les professeurs en interdisent l'usage sauf dans les cas rares où le compositeur la demande expressément. Pourtant, les grands interprètes ne se privent pas d'en user, car tous les moyens sont bons pour élargir la palette des sonorités. De même que le fameux aspirateur de Gould, elle rend le son plus difficile d'accès, et crée ainsi les conditions d'une certaine liberté. En effet, la sécurité qu'elle permet dans le contrôle de l'intensité invite à l'expérience, à la nouveauté.

Un virtuose comme Seymour Bernstein, qui est aussi écrivain et pédagogue, a consacré un vibrant éloge, un véritable chant d'amour à l'*una corda*, cette merveille de la technologie qui permet de multiplier les timbres et d'optimiser les capacités expressives. Il s'élève contre le dédain que certains professeurs se croient obligés de lui manifester et en recommande vivement l'usage conscient et sensible.

Au passage, Seymour Bernstein s'élève à juste titre contre les nombreux interdits factices qui sont transmis tels quels, sans réflexion particulière, dans les écoles de musique, et qui réduisent bêtement la liberté des aspirants pianistes. Il préconise par exemple, alléluia, l'utilisation sans culpabilité (mais non sans discernement !) de la pédale de droite pour obtenir un legato.

Autre exemple de tabou à transgresser, l'interdiction de regarder ses mains. Souvent on oblige le débutant à jouer en lui cachant les mains avec une partition tenue à l'horizontale. Le bon côté de cette ascèse, c'est que les doigts sont obligés de se débrouiller sur le clavier, même en se déplaçant d'une ou plusieurs octaves, tandis que les yeux sont obligés de devenir de fins lecteurs. Cependant, une fois acquis ces automatismes de base, l'interdiction de regarder ce que l'on fait disparaît d'elle-même. Il ne s'agissait que d'une étape de l'apprentissage, et la connaissance du clavier doit aussi devenir visuelle.

Dès que le morceau est appris par cœur, le regard se trouve libéré du texte écrit, dont la présence concrète n'est plus nécessaire. La mémorisation permet au pianiste de choisir. Il peut enfin regarder ce qu'il fait, s'il le souhaite, ce qui lui procure un sentiment de sécurité jusqu'alors inconnu. Mais l'habitude de ne pas regarder ses mains, durement acquise, lui permet aussi de fermer les yeux dans les passages les plus paisibles, si la musique l'y invite.

Faute d'en passer par la phase indispensable de la mémorisation, le pianiste reste accroché à ses partitions, alourdi par cette lecture infinie, et cet inconvénient peut devenir une véritable souffrance. Quel que soit son niveau, il se prive du plaisir de finaliser son travail, de maîtriser vraiment une œuvre. Il s'interdit aussi la joie de s'asseoir sans filet devant un piano de rencontre, et de surprendre ceux qui par hasard seraient prêts à l'écouter. Comme l'écrit Seymour Bernstein, *"performing is a natural outgrowth of your love for music"*. Jouer pour les autres est une émanation naturelle de notre amour de la musique.

A propos, et contrairement à ce qu'on pourrait penser, le pianiste qui scanne le clavier du regard n'observe pas ses mains, encore moins ses doigts. Il n'adopte jamais la vision extérieure du téléspectateur qui contemple les mains d'un pianiste en gros plan. Il ne voit pas les veines saillantes, la peau bien irriguée, les ongles taillés, les phalanges qui s'agitent comme des antennes, il ne regarde pas ses gestes. S'il le faisait, cela lui donnerait le tournis, il pourrait même rester paralysé comme le mille-pattes qui se demande quelle est la prochaine patte à faire bouger. Non, c'est le clavier qu'il regarde, histoire de prendre ses repères. Un regard à la fois panoramique et d'une mobilité extrême, le regard d'un pilote de chasse ou d'un skieur en plein schuss.

Mais revenons à nos pieds, plus précisément à la pédale de droite, la plus célèbre, celle de l'accélérateur, dite aussi "la pédale". En laissant les cordes vibrer librement, elle prolonge la durée de vie de chaque note au-delà de l'instant où le doigt relâche la touche, ce qui libère ses résonances et la relie aux autres notes. Le néophyte doit se défier de son enthousiasme quand il découvre les miracles dont la pédale le rend capable. Elle lui donne l'illusion d'avoir tous les pouvoirs et il risque de s'en servir à tort et à travers ; la reine de l'harmonie devient alors l'impératrice du mauvais goût.

Grâce à la pédale, chaque note est suivie de son sillage, comme un luminaire de son halo, ce qui procure à l'oreille une jouissance particulière. Cependant les sons, comme tout un chacun, sont gouvernés par des affinités électives, d'ailleurs spécifiques à chaque œuvre et limitées par le langage musical utilisé par le compositeur. Il y a les sons qui s'accordent et ceux qui se contredisent, se contrarient, se repoussent. Dans le répertoire classique, certaines dissonances sont admises, mais l'auditeur sait qu'elles vont forcément se résoudre et, sans y penser, il oriente son écoute dans cette attente du dénouement, c'est-à-dire du retour, longtemps différé, à la tonalité principale.

Ces associations de sons varient, bien sûr, avec l'époque et la mode. Une dissonance proposée par Brahms ou Debussy serait inacceptable dans Mozart. Le XXe siècle a élargi les combinatoires possibles au-delà de toute limite, avec les audaces de la musique atonale ou aléatoire : de même les mélanges éclatants d'orange et de rose, autrefois impossibles à marier sans renoncer à toute élégance, sont aujourd'hui devenus la vitrine d'un Christian Lacroix.

Cependant, même les savantes audaces de la musique contemporaine ne libèrent pas le pianiste du souci premier de la rigueur harmonique. Ces harmonies nouvelles, variées, surprenantes, paradoxales, n'en sont pas moins rigoureuses. Elles demandent à être reconnues et respectées. Le pianiste qui ne gouverne pas les résonances, même si ses doigts sont habiles, est surpris en flagrant défaut d'écoute, tel un couturier qui se serait trompé de fil. *Shocking !*

Il y a trois manières principales d'utiliser la pédale. Soit on l'abaisse juste avant de jouer par exemple un accord, soit on l'abaisse en même temps que les doigts, soit on l'abaisse juste après avoir joué. Mais avant tout il importe de ne pas faire jurer les sons, de ne pas mélanger les harmonies incompatibles. Et pour cela l'essentiel est de relever le pied au bon moment. Au piano comme sur l'autoroute, avoir le pied léger permet d'éviter la catastrophe.

Ahhhh… Dès la plus légère pression sur la pédale de droite, on entend un souffle presque inaudible. Le soupir du piano. Au repos, les cordes sont maintenues dans le silence par des étouffoirs de feutre. Soudain libérées du contact avec les étouffoirs, elles frémissent dans le coffre. La pédale est sensible à la moindre pression du pied ou plus précisément de ce petit coussin de chair qui précède les orteils, là où les danseuses se mettent en demi-pointes. Les médecins orientaux nous ont appris que la plante du pied incarne l'ensemble du corps et communique avec toutes ses parties. Le pianiste n'en est pas surpris, car il joue aussi avec ses pieds, dont les moindres mouvements sont gouvernés par son oreille, même s'il envie parfois l'organiste qui dispose d'un véritable clavier supplémentaire actionné par les talons et les pointes.

Les débutants ignorent souvent à quel point la pédale est sensible et tendent à l'enfoncer d'un bon coup vers le sol, puis à la relever non moins brusquement, faisant même parfois cogner le cuivre de la pédale sur son encadrement de bois. C'est qu'on ne leur a rien dit là-dessus. Il y a des évidences que les pianistes connaissent, sans imaginer qu'il soit nécessaire de les transmettre. C'est sans doute pourquoi personne n'avait jamais pensé à me dire, pendant des années, que la pédale peut s'abaisser un tout petit peu, et que l'effet produit est alors infiniment plus nuancé. Ces tout petits mouvements du pied représentent aussi une économie d'énergie, et permettent de relever le pied rapidement dans le cas d'une succession rapide d'harmonies. Il est donc essentiel de développer la souplesse de la cheville. Et c'est la violoniste américaine Michaela Paetsch qui m'a conseillé un jour de relever doucement le pied à la fin du morceau, de manière à éviter le bruit de la mécanique.

On sait que les enfants et les débutants abusent presque toujours de la pédale, espérant noyer leurs fautes dans un flou artistique. Erreur fatale ! La pédale est une séductrice vraiment diabolique. Elle donne très vite, trop vite, l'impression de "faire joli", elle permet de mélanger les sons dans un legato artificiel, une sorte de bouillie sonore où les fautes s'entendent moins, certes, mais où les nuances s'éteignent, où les couleurs jurent. Mais il n'est pas nécessaire d'être un virtuose pour user de la pédale avec pertinence. Dès qu'ils ont les jambes assez longues, les enfants peuvent en découvrir les subtilités.

Au début l'enfant garde la pédale enfoncée en permanence et se retrouve fasciné par le mélange des notes. Avec jubilation, il fabrique une sorte de soupe de sons, un gloubi-boulga musical analogue à la confusion des couleurs sur la palette d'un peintre. En allongeant la durée de vie de chaque note, la pédale en effet les superpose et les confond, au détriment de toutes les lois de l'harmonie.

De cette soupe primitive, de ces sonorités incohérentes émergent bientôt les premiers îlots de musique, une tierce par-ci, qui se marie avec une autre tierce, ou avec une quinte, les premiers accords. Trois ou quatre notes jetées dans le silence, et c'est la fête. Prolongé par la pédale, cela devient somptueux. Comme la traîne lumineuse d'une comète, la pédale magnifie chacun de ces bouquets de notes, et leur résonance n'en finit pas de s'estomper avant de s'éteindre doucement à l'horizon du silence. Tant que les notes sont compatibles entre elles, du moins selon les critères de l'époque et du genre, on peut maintenir la pédale enfoncée si on le souhaite, de manière à renforcer le lien entre les notes d'une phrase musicale, et à parfaire le fameux legato que tous les professeurs réclament. Mais il est impératif que le pied se soulève prestement entre deux harmonies incompatibles, soit juste avant la modulation, soit simultanément.

La pédale ne se contente pas de faire durer les sons, mais révèle aussi leur texture, leur épaisseur, leur plénitude. En laissant les cordes résonner librement, elle donne à entendre les harmoniques, soit en quelque sorte les possibles cachés de chaque son, aussi précis et mystérieux que les rouges et les bleus que les télescopes révèlent aux confins du cosmos. Pour un scientifique, les sons et les couleurs ne sont que des ondes de longueurs différentes et selon les lois de l'effet Doppler, paraît-il – ne m'en demandez pas plus ! – le bleu correspond au son de plus en plus aigu du train qui approche, et le rouge au son de plus en plus grave du train qui s'éloigne. Cela n'a rien à voir bien sûr, mais il est émouvant de penser que Beethoven, dans les dernières années de sa vie, alors qu'il n'entendait plus, demandait à l'orchestre de jouer *plus bleu* ou *plus rouge*.

Certains pianos possèdent une troisième pédale, placée entre les deux autres. Sur un piano de concert, elle permet à l'interprète de renforcer la note après laquelle on l'enfonce, et elle seulement. Sur un piano droit, plus prosaïquement, la pédale du milieu commande la sourdine, sauvegarde des voisins. Elle intercale une bande de feutre supplémentaire entre les marteaux et les cordes, et ne sert que pour l'étude.

Il existe même une quatrième pédale, qui n'est pour l'instant disponible que sur un piano expérimental et quasiment supersonique. Grâce à une invitation de Jean Audouze, j'ai entendu décoller ce prototype sous les doigts experts de Georges Pludermacher au palais de la Découverte. Inventée par Denis de La Rochefordière, cette quatrième pédale a pour mission, justement, de permettre au pianiste de faire entendre plus clairement l'architecture des harmoniques en levant tous les étouffoirs, sauf ceux des notes jouées. Jacques Drillon ne tarit pas d'éloges au sujet de cette invention : "Tous les avantages de la pédale habituelle (résonance) sans aucun brouillage des notes jouées ! Seule l'inertie intellectuelle des pianistes explique la lenteur de sa généralisation."

L'amateur, hélas, ne peut que rester sceptique. Il a déjà pas mal de problèmes avec la pédale "normale", sans parler de la pédale de concert, qu'il a rarement l'occasion d'utiliser. Aura-t-il jamais le commencement de la maîtrise nécessaire pour tirer parti d'une telle innovation ? En cette vie, c'est peu probable. Non merci, nous n'avons pas besoin d'une quatrième pédale pour nous compliquer la vie, ni d'ailleurs d'un clavier circulaire ou de toute autre transformation technologique. Il est assez compliqué de servir le piano tel qu'il est.

XXV

LE BLUFF NE PAIE PAS

Nous, les amateurs de piano, nous sommes des amoureux fervents, non des savants austères. Notre parcours en dents de scie, scandé par les abandons et les retrouvailles, n'a pas entamé notre fougue d'éternels novices. N'étant jamais rassasiés de musique vivante, nous savons, mieux que les professionnels qui sont parfois blasés, que le piano est avant tout affaire de plaisir, un plaisir d'un genre très particulier, qui ne diminue pas quand on le goûte. Un plaisir qui ne peut que croître et s'intensifier, à la mesure de nos progrès. C'est par la ruse du plaisir que l'on attrape les élèves, mais ce plaisir qui sert d'hameçon est aussi le but du jeu, la promesse de toute pratique musicale. Voici une activité où la jouissance est requise, où elle est même indispensable, l'ingrédient majeur, le sens unique.

J'admire les hédonistes qui décident de consacrer leur vie à la musique. Choisir la joie, quel autre stratagème recommander pour endurer l'existence ? Il a suffi d'une fois, un cristal qui tintait, une mélodie entendue dans les ruelles, un chat qui improvisait sur un clavier de piano, pour que l'enfant découvre le pouvoir de la musique. Dès lors, quels que soient ses études, ses jeux, ses choix, il est resté fidèle à ce tintement, fidèle à cette première joie bouleversante, à cette planète invisible dont la force gravitationnelle ne cesse plus d'agir sur son destin. Les vocations tardives sont issues, elles aussi, d'une première expérience musicale déterminante.

"Si tu ne prends pas de plaisir à jouer, tes auditeurs s'endorment", me disait mon cher Boucou sur tous les tons, déterminé à casser mon application de bonne élève, ma bonne volonté indélébile. Il lui est arrivé de simuler un bruyant ronflement dès la troisième mesure du morceau que j'avais si bien travaillé pendant la semaine. Je restais les mains en l'air, partagée entre la stupeur et le rire. Avec son humour civilisateur, ce grand Européen me tendait des bottes de sept lieues. Dès le lendemain je m'apercevais que la leçon avait porté. Je faisais le serment que plus personne, jamais, n'aurait envie de ronfler en m'écoutant jouer ce morceau. J'accélérais sans hésiter, j'atteignais enfin le tempo indiqué par le compositeur, et l'esprit de cette musique tout d'un coup surgissait sous mes doigts comme un papillon de sa chrysalide.

Contrairement aux pianistes professionnels qui se donnent des objectifs concrets, les amateurs n'ont d'autre motivation que la poursuite du plaisir. Faut-il qu'elle soit puissante pour les engager dans ce combat perdu d'avance, et pour y consacrer un temps précieux, soustrait aux activités dites sérieuses, un temps non pas perdu, mais librement dépensé ! Ce n'est pas par esprit d'obéissance ni pour imiter les "pros" qu'ils se soumettent librement à la lettre de la partition, scrutant ce texte musical dans ses plus secrets arcanes. Mais en pleine conscience du plaisir ajouté que procure la règle quand elle est respectée, incorporée, dépassée.

Il faut bien le dire, la musique est une dévoreuse de temps. Elle commande, elle exige, elle demande à être répétée, recommencée lentement, puis de plus en plus vite, puis de nouveau lentement fignolée, analysée dans les moindres détails, abandonnée, puis reprise, enfin apprise par cœur, une petite victoire en passant, et de nouveau répétée, perfectionnée, accélérée, enfin allégée, dédramatisée, rendue presque "facile" à force de travail acharné, car les doigts bien dressés se dirigent maintenant vers la bonne touche, plus besoin d'y penser, la justesse devient automatique, et voilà que l'esprit du pianiste, enfin libéré de la crainte des fausses notes, peut se concentrer sur la qualité de son toucher, indéfiniment perfectible, avec l'impression que le vrai travail commence enfin.

Le mythomane, graine de romancier, peut vous raconter qu'il a fait le tour du monde dans un voilier de douze mètres en compagnie d'une panthère, vous n'allez pas vérifier, et puis le plaisir du récit vous emporte, la vérité serait pâlotte à côté de ces élucubrations, bref on se laisse embobiner par les beaux parleurs, quitte à y laisser quelques plumes. En revanche, malgré ses rêves de gloriole, le pianiste amateur se révèle en général plutôt modeste, au moins pour ce qui concerne son niveau pianistique. Il aurait plutôt tendance à se dénigrer, dans l'espoir de surprendre agréablement ses éventuels auditeurs. Ce n'est pas qu'il soit vertueux, c'est qu'il n'a pas le choix, le malheureux ! Car en musique, le bluff ne paie pas, les cartes sont sur la table. N'étant ni vraie ni fausse, la musique ne peut mentir.

Certes, là comme ailleurs, il y a les prétentieux qui ont entendu tous les disques et joué tout le répertoire. Gonflés de leur savoir apparent, ils se jettent sur le clavier, vous plaquent quelques accords faits pour impressionner la galerie, puis vous exécutent la *lettre-à-Elise-de-Beethov'* dans un style avalancheux souligné par un déluge de pédale. Mais s'il peut épater un auditoire naïf, le pianiste mythomane n'a pas l'ombre d'une chance auprès d'un public averti. Il suffit dans l'auditoire d'une oreille exercée pour que la meringue se dégonfle. Et la grimace du connaisseur est une épreuve de réalité radicale, même si l'on rencontre aussi parmi eux quelques fieffés poseurs.

En fait, plus il travaille, plus l'amateur devient conscient de ses propres défauts, et ce n'est pas triste. Cette prise de conscience est même un indice assez sûr des progrès accomplis. Ce gouffre qui sépare ses misérables exploits de ceux d'un professionnel, il en distingue de mieux en mieux les contours et la profondeur. Peu à peu, il commence à évaluer les enjeux d'une véritable interprétation en termes de travail, de maîtrise, de talent.

Ainsi aguerri, l'amateur devient indulgent par nécessité, par stratégie de survie, par principe de précaution. Il tient fermement les rênes de son narcissisme musical. Il ne se vante pas de connaître par cœur la *Pathétique* ou la *Hammerklavier*.

N'étant jamais à l'abri du ridicule, il ne ricane pas bêtement quand un camarade fait des fausses notes dans une sonate de Mozart réputée facile. Il ne prend pas un air dégoûté à l'audition d'un tempo bancal ou d'un arpège inutilement chaloupé. Il ne rouspète pas comme un joueur de bridge irritable quand son partenaire de quatre-mains se trompe dans la tonalité ou la mesure.

— Soyons magnanime avec cette interprétation mollassonne ou hérissée de piquants, se dit l'amateur *in petto*. Si je me fais tout petit, il me sera beaucoup pardonné.

Mais attention à l'autoflagellation ! A chacun son niveau, à chaque niveau ses plaisirs, ses lacunes, ses perspectives. Il ne sert à rien de nous lamenter parce que nous n'avons pas fait le Conservatoire. Mieux vaut mettre à profit cette demi-heure quotidienne que nous nous sommes enfin octroyée – malgré un emploi du temps surchargé ! – pour résoudre le problème de ces triolets, pour fignoler ce petit menuet. La lucidité, qui est une vertu, ne doit pas devenir une obsession stérile, une angoisse plus forte que le plaisir de musiquer. Excessive, la modestie vire au masochisme et risque d'affaiblir encore le jeu du pauvre amateur, qui perd de sa grâce en perdant sa fragile assurance.

Las, dès que l'amateur doute de ses capacités, certes limitées mais non moins réelles, cela retentit sur son jeu, le son se durcit, les notes ne sont pas aimées, plutôt jetées sur le clavier par des doigts crispés. S'il joue en public dans cet état d'esprit, ses auditeurs entendront ses pensées affolées se faufiler à travers ses doigts rigides pour se perdre dans la caisse de résonance du piano et se demanderont, eux aussi, si ce spectacle pénible va bientôt se terminer.

Exégèse de chaque soupir, nuance, modulation. Relecture à l'infini des mêmes passages. Expérimentations. Ajustements. Pesées. Plus nous travaillons cette œuvre et plus elle nous parle, et mieux nous percevons son informulable message, tel qu'il nous est personnellement adressé. Et pendant que le pianiste relit et rejoue cette musique pour la énième fois, il la dévore, il la boit, il l'incorpore, la digère, elle devient sienne, loge dans ses entrailles, innerve sa peau, elle devient son chant à lui, son histoire à lui, son histoire à elle, et ses mains enfin se délient, enfin obéissent, deviennent souples et chaudes, prêtes à toutes les audaces, à toutes les positions, enfin elles donnent le son tant désiré, à la fois profond et mesuré, indiscutable, déchirant, et la mélodie se met à couler comme si tout était facile, comme s'il suffisait de jouer du piano pour faire de la musique. Comme si la musique pouvait nous sauver.

Une inflexion juste, un geste adapté, c'est rare et précieux, cela justifie beaucoup d'efforts, et ces instants paraît-il sont appelés à se multiplier, à se rejoindre, un jour ces archipels deviendront des presqu'îles, des péninsules, des continents, enfin cette musique trouvera sous tes doigts ses couleurs, ses fureurs, ses nuances.

Jour après jour tu deviens jardinier, sculpteur, artisan, ah tous ces mots sans féminin, tu bêches, tu ratisses, tu tailles, tu lisses, tu éclaires, tu retravailles sans ennui les mesures difficiles, tes mains deviennent des antennes, des outils de précision, des baguettes de coudrier, elles commencent à anticiper tes ordres, ceci n'est pas un travail mais une sorte de révélation qui se donne par quantités discrètes, ce qui t'ennuyait avant-hier te paraît aujourd'hui plein de charme, ce passage qui te martyrisait devient un jeu d'enfant, tu t'enivres de ces facilités nouvelles, préludes à de nouvelles escalades, tu suis les chemins de ronde, tu regardes la lune se lever comme un incendie fixe, tu longes les bosquets, tu avances d'un bon pas, tu libères tes doigts, tu danses, tu arrives à bon port.

Là, un navire t'attend, un volumineux cargo baptisé en grosses lettres *Beethoven* ou *Chopin*, une partition intimidante, taillée pour les vastes océans sonores, tu respires profondément, à la manière des yogis, tu répartis bien ton poids, tu sens frémir ton pied droit, tu relâches tes épaules, tu élargis tes paumes, tu assouplis tes poignets, tu déplies ta voilure, tu lâches les amarres, tu navigues au plus près, tu escalades les vagues, tu te laisses porter par les courants. En quelques mesures tu passes de la tourmente à la nostalgie, de la tendresse à l'ivresse, de l'expectative à la joie, le souffle du temps te transforme, peu à peu tu apprends aussi à aimer les détours, à chérir les transitions, les temps suspendus, tu veux que la musique dure, à chaque voyage dans cette œuvre ta respiration s'allonge, ta surprise grandit, peu à peu tu apprends à retenir ta fougue, à terrasser les verrous techniques, puis à dominer l'émotion de surface, à suivre les lames de fond, les courbes de niveau, tu as l'impression d'entendre enfin réellement cette musique que tu connais par cœur depuis si longtemps, tu découvres ses nuances les plus ténues, tu commences à discerner l'agencement général, une topographie, une histoire sans légende qui est maintenant la tienne, et un beau jour ça y est, tu joues sans entraves, l'errance a pris fin, tu t'aperçois que même les silences ne te font plus peur. Et ta jouissance devient perpétuelle. Enfin, c'est ce qu'ils disent. Les veinards. Les pros.

XXVI

LES HARDIS DÉCHIFFREURS

LE PEUPLE des amateurs se répartit en deux sectes principales : les gais laboureurs et les hardis déchiffreurs. Les laboureurs sont des sédentaires, des perfectionnistes qui triturent sans relâche leur petit arpent de musique, qui pétrissent indéfiniment leur sonate, leur prélude ou leur ballade, en espérant lui arracher ses secrets de fabrication, de manière à lui donner peut-être un jour ses plus belles couleurs. Ils peuvent se comparer aux élèves des écoles de peinture qui copient les toiles de maître. Installés sur leur tabouret pliant devant *Le printemps* ou *La ronde de nuit*, décidés à en capter les moindres détails, ils restent là, fascinés, pendant des jours et des jours, jusqu'à pénétrer l'essence de la toile, l'âme du peintre, le rêve de Botticelli, la palette de Rembrandt.

Les déchiffreurs ont la bougeotte, ce sont les encyclopédistes. Souvent réfractaires au travail de précision, ils préfèrent le débroussaillage, le crapahutage dans les vastes continents du répertoire. Ils ressemblent plutôt à ces lecteurs impénitents, les fous de lecture dans le style de Borges ou d'Alberto Manguel, qui hantent les bibliothèques, et qui ingurgitent tout Balzac, tout Zola, tout Shakespeare sans reprendre haleine.

C'est une aventure que de déchiffrer une partition pour la première fois directement au clavier, surtout en essayant de respecter le tempo. Les risques sont énormes et la critique est aisée. Le déchiffreur en pleine action est un éveillé, un héros qui prend tous les risques et se lance à la découverte de l'inconnu avec un bel appétit, une attention sans faille et une lecture prioritaire des basses, qui en général soutiennent l'édifice. A ce stade de la première lecture, il ne prétend pas *interpréter* les œuvres qu'il découvre, mais il accomplit un miracle éphémère qui en appelle d'autres. Il met ses yeux au service de ses doigts, ou l'inverse, et transforme instantanément l'écriture musicale en ondes sonores. Il existe des as du déchiffrage qui sont capables, tout en jouant une mesure, de lire à l'avance la suivante, d'anticiper mentalement le travail de leurs doigts.

Au fait, on ne déchiffre bien que ce que l'on reconnaît, ou du moins ce qui est écrit dans un langage dont nous ayons l'habitude, par exemple une symphonie de Mozart jamais jouée mais mille fois entendue, dans une transcription pour piano à quatre mains. Malgré tout ce qui est inattendu dans Mozart, celui qui a fréquenté ses sonates ou ses concertos est capable de "jouer" sa musique dès la première lecture sans la trahir à l'excès. Après un certain temps passé à l'intérieur d'une œuvre ou d'un style, disons le style baroque ou l'œuvre de Schubert, beaucoup de tournures, de doigtés, de manières musicales deviennent prévisibles, presque automatiques et, même dans une partition jamais vue, avec une précision suffisante pour faire illusion avec un certain panache. Rien de plus flatteur, devant un public, que la capacité de déchiffrer à l'improviste une partition de hasard.

Jacques Drillon, qui appartient à la secte des hardis déchiffreurs, préconise une technique mémorielle formidable permettant d'accomplir aisément ce prodige. "On divise le texte en parcelles déjà vues. Plus la parcelle est étendue, meilleur est le déchiffrage. Si la parcelle se réduit à une note, valeur et hauteur, le déchiffrage est mauvais. Plus la mémoire a enregistré de formules, meilleur est le déchiffrage d'une œuvre nouvelle." Bravo pour ceux qui suivent ces conseils, seulement ceci n'est déjà plus du déchiffrage, mais le début de l'apprentissage.

La constitution des "parcelles" permet de réduire les risques inhérents à l'aventure du véritable déchiffrage, qui reste un saut dans l'inconnu. Mais les formules trop bien enregistrées peuvent aussi gêner la lecture quand le pianiste se trouve confronté à quelque chose de vraiment nouveau, un langage dont il n'a pas les clefs. Ce n'est pas parce qu'il arrive à déchiffrer le *Quatuor* de Schumann ou les *Lieder* de Mahler qu'il sera capable de produire une version audible de *West Side Story*, d'une chanson des Beatles ou une pièce aléatoire de Luciano Berio.

Le déchiffrage mobilise les mêmes aptitudes qu'une méthode de lecture rapide, avec le geste en plus et la sono en prime. Il me semble que le déchiffreur habile est un illusionniste sachant "tricher" avec maestria. D'un coup d'œil, il distingue les notes essentielles (les basses, les altérations, les transitions, etc.) qui constituent l'armature d'une œuvre, ce qui lui permet de traiter le reste de la partition avec un flou artistique. Il connaît l'art de zapper les notes secondaires au profit des basses et de la mélodie. C'est ainsi qu'il parvient à nous faire entendre d'emblée les grandes lignes d'une composition, à la manière d'un dessinateur qui jette sur sa feuille une ébauche, quelques traits rapidement tracés qui incarnent déjà l'esprit de l'interprétation à venir. Mais le déchiffreur est un nomade, nous l'avons dit, un boulimique, et déjà il se lasse, d'autres répertoires l'appellent, il ne tient pas en place. Il finit souvent par acquérir une solide culture musicale, bien plus étendue que celle des tâcherons qui choisissent de creuser jusqu'au vertige le même sillon.

Bien entendu, les gais laboureurs admirent et envient ces aventuriers que sont les déchiffreurs, qui d'ailleurs les admirent et les envient en retour comme le soldat envie la sérénité du moine. Hors d'haleine, les déchiffreurs se promettent une fois par an de souffler un peu, de travailler enfin sérieusement la *Waldstein* ou la première *Partita*. Ils ont tout à y gagner, ils savent que chaque lecture est différente de la précédente, et que leur déchiffrage ne peut qu'y trouver un nouvel élan.

Les laboureurs se reprochent leur inaptitude à circuler dans le répertoire, leur inculture musicale en dehors de leur pré carré, et résolvent pareillement de consacrer au moins un quart d'heure par jour au déchiffrage d'œuvres inconnues. Mais les belles résolutions font long feu. Entre l'exploration et le perfectionnement, les amateurs sont bien obligés de choisir. Souvent le choix se fait de lui-même. Question de tempérament. Et, surtout, question de temps.

Malgré l'initiation exceptionnelle reçue de mon père, le déchiffrage n'a jamais été mon fort ; j'ai dû prendre la mesure de mes défaillances en déchiffrant à quatre mains ou à deux pianos avec quelques amateurs chevronnés comme Jacques Saglier, Pierre Demarty, Nancy Huston, Yvette Kaplan, Suzette Lévy, Suzanne Lipinska, Jean-Pierre Luminet, Jacqueline Rousseau-Dujardin, Jacques Trilling, ou la concertiste Marisa Borini, tous meilleurs déchiffreurs que moi, plus rapides, plus précis, mieux concentrés. Ils m'ont entraînée bien au-delà de mes capacités réelles, sans mollir sur le tempo, dans des galopades effrénées où je finissais par m'emmêler parfois les pinceaux. J'en ai presque fait un complexe quand Boucou m'a révélé que son ancien élève Roland Barthes, qui m'avait précédée sur le tabouret en velours noir de la rue du Pré-aux-Clercs, était un formidable déchiffreur.

— Mais toi, non. Toi, tu travailles ! disait-il d'un air cruel, comme s'il me condamnait au bagne alors que j'exultais. Car c'est précisément ce que je lui avais demandé, tel était notre pacte : il m'apprendrait à travailler de manière efficace.

Le gai laboureur et le hardi déchiffreur se comprennent et se respectent, comme autrefois le moine et le soldat. Ils ont en commun la chance d'avoir conservé, intacte, la fraîcheur de leur désir de piano, un désir très ancien, devenu vaguement coupable à force d'être si souvent contrarié. Ils n'ont perdu ni la ténacité du soutier, ni la naïveté de l'adepte. Et ils ont une claire conscience du privilège que c'est, de pouvoir jouer quelque chose de joli sur un clavier de piano, même un petit air de rien du tout.

XXVII

LA VOIE DU TOUCHER

“ETHERY Djakely m’a sauvé la vie. Elle m’a remis sur la voie du toucher. Sa manière d’enseigner ne ressemble à aucune autre.” Le pianiste Irakly Avaliani, que j’ai rencontré au Moulin d’Andé, raconte comment cette pianiste franco-géorgienne, disciple de Marie Jaëll, l’a recueilli à Tbilissi en 1975, en pleine détresse. Virtuose formé à l’école de Moscou, il donnait déjà des concerts depuis plusieurs années, mais se sentait entravé par les rigidités de sa formation traditionnelle et ne parvenait plus à progresser, ce qui pour un instrumentiste est un véritable supplice. Avec cette grande dame du piano, lentement, il a recommencé à zéro, par les gestes du débutant, et pendant cinq ans il a franchi de nouveau toutes les étapes, émerveillé de s’apercevoir que son jeu était transfiguré, comme s’il devenait quelqu’un d’autre. Il faut l'entendre aujourd'hui, par exemple dans Bach, Schubert ou Brahms.

Grâce à Irakly, j'ai eu la chance de prendre quelques cours avec Ethery Djakely, qui est une mystique du piano, habitée par le désir de transmettre son art, et cela pour ainsi dire de la main à la main. Vous jouez, disons le début périlleux des *Davidsbündler* de Schumann, et la voilà qui se met à parler, à tourbillonner autour de vous, et bien sûr son agitation vous fait perdre vos (faibles) moyens mais cela ne fait rien, elle voit très bien votre niveau réel à travers vos efforts, et ce tourbillon vous donne le vertige, un vertige doux qui passe par sa présence et qui vient de la musique, et voilà qu'elle vous prend la main droite ou gauche dans les siennes qui sont brûlantes, elle vous la retourne vers le haut, vers le bas, appuie ici ou là dans le creux de la paume, vous fait sentir son élasticité, sa complexité osseuse et musculaire, masse vos phalanges, phalangines et phalangettes, tout en parlant sans cesse, *il s'agit de la faire vivre, cette main*, jamais un professeur ne vous a ainsi parlé, n'a ainsi touché votre main comme pour lui insuffler la passion qui l'anime, puis elle vous fait toucher ses propres mains, *n'ayez pas peur d'appuyer, vous verrez, ça résiste*, elle vous fait sentir la solidité de l'architecture, et vous sentez palpiter ces mains qui sont folles de musique et qui peuvent tout faire, qui sont toujours prêtes à bondir sur le clavier.

Un cours comme celui-là vous change le piano. Il y a quelque chose de socratique dans sa manière, tant elle se passionne pour cette pensée d'une aptitude virtuelle chez l'élève, que le professeur aurait à charge, et à cœur, d'éveiller. Il y a quelque chose de baudelairien dans sa vision du monde, où les parfums et les sons se répondent. L'ouverture de la main répond à l'ampleur du regard, à la plasticité de l'esprit, le phrasé musical répond à la sensibilité de la pulpe, etc. A chacun ses correspondances.

Caresser la touche d'arrière en avant, attaquer le clavier d'un mouvement élastique et quasiment préhensile, élargir la paume de manière que l'écart entre le pouce et le cinquième devienne à la fois large et stable. Bien écarter la base du pouce à l'horizontale de manière à lui donner enfin une assise ferme et la liberté de mouvement dont il a besoin. Ne jamais concevoir une note ou une séquence comme isolée, considérer la partition comme un tissu vivant. *Perpetuum mobile !* Rien de fixe, rien qui pèse ou qui pose. Dans les poèmes de Verlaine, ce qui importe, ce n'est pas les mots, mais leur manière de vivre ensemble ; en musique, ce qui importe, ce ne sont pas les notes, mais ce qui les relie les unes aux autres et leur donne sens.

C'est un ouragan de conseils qui vous enveloppent et vous tourneboulent, et qui tous visent le même objectif : vous aider à obtenir un toucher vibrant, vivant, puissant et nuancé, un toucher capable de produire des fortissimi dénués de toute brutalité, des pianissimi à briser le cœur, et bien sûr toutes les nuances imaginables entre les deux, bref un contrôle enfin efficace sur la sonorité. Pour Ethery Djakely, l'apprentissage n'est rien d'autre que cette initiation à la sensorialité. Prendre conscience de ce que l'on ressent, conclure une alliance entre l'écoute et le toucher.

"L'expression musicale transmise par l'exécutant ne peut être que l'équivalent des sensations du toucher qu'il a éprouvées", précise Ethery Djakely, citant Marie Jaëll. Modestement, elle se considère comme la lointaine héritière et disciple de cette Alsacienne visionnaire (1846-1925). Amie très proche de Franz Liszt, Marie Jaëll fut tellement émue par sa manière de jouer qu'elle finit par renoncer à sa propre carrière de concertiste pour s'efforcer d'analyser rationnellement les gestes que faisait Liszt sans y penser, avec l'instinct du génie. Au passage, Marie Jaëll a énoncé les principes révolutionnaires d'une "psychophysiologie du toucher". Une nouvelle théorie de la connaissance fondée sur l'union de la conscience et de la main. Une théorie très concrète, très active, qui passe par les mains, les poignets, les épaules pour aller droit au cœur, et qui de surcroît développe les capacités du cerveau.

Il s'agit avant tout d'éviter tout contact statique avec le clavier. Très concrètement, donc, Marie Jaëll recommande à chacun de vos doigts d'effectuer une petite boucle, de manière que le moment de passage sur la touche, quelle que soit sa durée, ne représente qu'une étape dans un mouvement circulaire. Bien centré au-dessus du milieu de la touche, le doigt ne descend pas tout droit mais selon un angle précis, et quand il atteint la surface de la touche, il continue à descendre, tout en entraînant la touche dans ce mouvement vers le fond du clavier où il glisse encore, voluptueusement, et c'est alors que le doigt, tout en poursuivant son mouvement circulaire, se dirige naturellement vers le ventre du pianiste, puis remonte en se laissant porter par le mouvement ascendant de la touche. Bref, il s'agit de caresser la touche d'avant en arrière (vers vous) avec un doigt énergique et flexible, toujours prêt à recommencer.

Ce doigt est appelé à couvrir le maximum de surface possible sur la touche. Pour évaluer cette surface, Marie Jaëll invente de poser de petits cartons blancs sur les touches et de faire jouer ses élèves avec de l'encre sur le bout des doigts. Comparez les empreintes digitales du débutant et celles du pianiste confirmé. Les unes sont maigrelettes, les autres sont larges et plus sombres. Il suffit de les comparer pour comprendre la nécessité d'un jeu plus sensuel, d'une assise plus large pour chaque note.

Or, il apparaît que votre doigt, tandis qu'il laisse la touche remonter de son propre poids, se replie légèrement sur lui-même dans ce mouvement ascendant, comme pour emporter avec lui un petit trésor – la sensation liée à ce toucher caressant, une expérience miniature à chaque fois nouvelle, le souvenir de cette note bien placée, bien "finie" grâce à la petite boucle, la sensation du travail accompli. Il s'en souviendra, la recherchera, et deviendra capable de la retrouver à volonté.

A noter que la petite boucle est praticable même dans les passages les plus rapides, où elle devient une sorte de vibration interne dans la main du pianiste, peut-être analogue au vibrato des violonistes. Cette technique permet d'en finir, en tout cas, avec les frappes militaires du pianiste en mal de quadruples forte. Si le pianiste est attentif *aussi* à la manière dont le doigt se sépare de la touche (d'avant en arrière et de bas en haut), il parvient aussitôt à diminuer l'impression d'une frappe brutale. De même, en voiture, le conducteur averti relève légèrement le pied à la fin du freinage pour éviter de brutaliser ses passagers.

Les professeurs conseillent souvent à leurs élèves, rituellement, de jouer *au fond du clavier*, mais ils songent rarement à transmettre les métaphores qui leur viennent à l'esprit quand ils jouent eux-mêmes. Pourtant, les débutants peuvent brûler les étapes si l'on songe à leur dire qu'ils sont là pour extraire la musique du fond des touches, pour faire sortir la musique de l'instrument, et non pour la faire descendre d'en haut. Creuser un sillon pour viser les étoiles. Cette pensée, s'ils la gardent à l'esprit, induit spontanément un toucher sensuel et profond, qui développe la puissance et facilite la mémorisation.

"Pour faire une attaque, écrit Marie Jaëll, la main doit s'abaisser comme si elle était retenue en haut par un contrepoids qui enlève précisément à la descente de la main une partie déterminée du poids qu'elle transmettrait au clavier." Oui, tout est là, dans le contrepoids invisible. Ce sont ces tensions contradictoires qui donnent à la main du pianiste sa souplesse de danseuse, sa manière de paraître suspendue au poignet de tout son poids, puis de se redresser avec une grâce féline, cette main vibrante mais jamais fébrile, aux aguets, sensitive, large et vivace, solidement campée dans l'espace du clavier, cette main qui peut faseyer comme une voile sur la mer vineuse, bondir, galoper, effleurer les touches, ou s'élever pour prendre son élan, comme à regret. Et ce regret bien sûr – oh, une légère hésitation, une minuscule contrariété interne au geste – participe du secret pianistique, et contribue à vivifier la musique, de même que les minuscules imperfections rendent plus émouvant le travail du tailleur de pierres. Ce sont ces tensions qui donnent au danseur sa divine dégaine, cet air de marcher sur l'eau, ce sont elles qui donnent au pratiquant des arts martiaux la puissance élastique qui tend à le rendre invulnérable. Dans ces domaines, il n'y a pas de différence entre la technique et l'interprétation, entre la sensation et la sonorité. La qualité de l'expression musicale dépend moins de l'état d'âme du pianiste que de sa manière d'enfoncer et de relever les touches, qui d'ailleurs réussira sans doute à modifier son humeur. Après un dernier accord amoureusement planté, le pianiste relève les mains dans un mouvement de chute d'eau ascendante, les poignets comme attirés vers le haut, les doigts encore dirigés vers les touches, tandis que la musique retourne au silence dont elle est faite.

J'avais entendu parler de la fameuse méthode Jaëll dans mon enfance, dans la famille de ma meilleure amie, Marie Benoit, qui était pour moi comme une grande sœur et que j'avais rencontrée à l'école Jean-Cavaillès de Sèvres, dite “l'école de Bambi”. Marie incarnait la joie de vivre et notre amitié s'est révélée inaltérable. Elle devait son prénom à Marie Jaëll, qui avait eu pour proche disciple la grand-mère de Marie, Mme Heu. Les élèves se succédaient dans le grand appartement du boulevard Jules-Sandeau, où Mme Heu et sa fille Maïchette, la mère de Marie, enseignaient toutes les deux le piano avec une extraordinaire ferveur, selon la méthode Marie Jaëll interprétée de la manière la plus stricte. Ces techniques d'enseignement étaient visionnaires, j'aurai mis quelques décennies à m'en apercevoir, mais à l'époque, en comparaison des manières tempérées de l'aimable Monsieur Martenot et des joyeux déchiffrages de mon père, elles m'apparaissaient comme autant de supplices, notamment la technique dite "de la chaise basse", préconisée longtemps avant Glenn Gould par Marie Jaëll.

Il faut dire que dans la méthode Jaëll, la chaise basse n'était pas, comme elle l'était pour Gould, une position permanente et personnellement choisie, mais une position de travail provisoire, un exercice imposé aux élèves pour les sensibiliser à la perception des touches et de leur enfoncement. A mes yeux, c'était une vulgaire chaise en paille, aux pieds ratiboisés, avec un cannage simplifié. Les enfants devaient s'y asseoir mais ils voyaient à peine le clavier, leurs petites têtes dépassaient tout juste, ils devaient tenir les bras en l'air. Les pauvres. Sans les connaître, je les plaignais. On voyait partout cet instrument de torture dans l'appartement des Benoit, on vantait les vertus de cette chaise imaginée par une morte, infligée à de malheureux élèves de piano bien vivants. Les photos de Marie Jaëll, visibles sur les prospectus de l'école dans la salle d'attente et la salle à manger, montraient un visage démodé avec des cheveux crantés au fer. Décidément, sa méthode, dont en vérité je ne savais rien, semblait avoir quelque chose de péniblement monacal, que je ne parvenais pas à associer aux joies de la musique. Secrètement, je remerciais mon père de m'avoir confiée à Monsieur Martenot.

Fidèle à mon préjugé (stupide, mais si, comme tous les préjugés), je n'ai jamais essayé la chaise basse, mais quels qu'en soient les probables mérites, je pense aujourd'hui qu'elle convient mieux aux adultes qu'aux enfants. Car les enfants sont petits et ne pensent qu'à grandir. Sur une chaise basse, ils peuvent se sentir diminués, rapetissés. Tandis que Glenn Gould, évidemment, ne se sentait pas diminué, au contraire, sur la petite chaise qu'il transportait partout comme un fétiche, et qui est devenue un argument publicitaire.

Etant la meilleure amie de Marie, je bénéficiais d'une espèce d'extraterritorialité dans cette famille protestante où l'hospitalité était sacrée. Marie et moi crapahutions gaiement dans le grand appartement de deux étages, plein d'escaliers dérobés et de portes matelassées – le père de Marie, Pierre Benoit, était un médecin et psychanalyste renommé, proche de Jacques Lacan –, où plusieurs leçons de musique se donnaient en même temps.

J'épiais parfois les cours de Mme Heu ou de Maïchette dans le petit couloir coudé qui donnait dans la cuisine, espérant entendre les fausses notes des élèves. Sans doute aurais-je aimé assister à ces cours mystérieux, mais personne n'a jamais eu l'idée de me le proposer, et il m'aura fallu près d'un demi-siècle pour concevoir du regret de ce rendez-vous manqué, un de plus !

Ce que j'entendais avait de quoi déconcerter. Ou plutôt, ce que je n'entendais pas. Dans ce temple du piano se déversaient rarement des flots de musique, mais plutôt des séries d'exercices arides, des notes indéfiniment répétées, des accords transportés d'un bout à l'autre du clavier, des alternances de sons joués *forte* puis *piano*, *staccato* puis *legato*. Il me semblait qu'avec la méthode Jaëll, on ne sortait jamais des préliminaires, on se préparait éternellement à jouer du piano. Alors que chez nous, à *La Brésilienne*, on était accueilli par les *Kreisleriana*, jouées par mon père à toute allure et sans filet mais avec une ivresse partageuse.

Dans la famille de Marie, on savait que j'étudiais le piano avec Maurice Martenot, hélas un "profane" qui ne connaissait pas Marie Jaëll, mais tout de même un musicien respecté, un inventeur reconnu. En fait, je l'ai découvert récemment, Monsieur Martenot connaissait très bien le travail de Marie Jaëll, puisqu'il la cite avec respect dans un de ses livres, et Maïchette le savait parfaitement. Et sans doute leurs méthodes n'étaient-elles pas si différentes après tout. J'ai appris en même temps, avec stupéfaction, que Maurice Martenot était aussi l'inventeur et le promoteur d'une méthode de relaxation active appelée la *kinésophie*, autrement dit la *sagesse par le mouvement*. Sans doute aurait-il reconnu son influence déterminante dans ce que je croyais découvrir en écrivant *La beauté du geste*. Initiation polyphonique !

Mais revenons dans cette famille généreuse, où mon statut d'élève-de-piano me rendait théoriquement apte à comprendre ce qui se passait d'un peu mystérieux dans l'appartement du boulevard Jules-Sandeau. J'étais censée "connaître la musique", un peu comme dans les classes d'anglais où je perdais mon temps, car j'étais bilingue, mais heureusement la prof me laissait lire tranquillement *Dennis the Menace* dans le fond de la classe. Chez les Benoit, malgré les portes fermées, les idées traversaient les murs, et la plupart des conversations familiales, qui tournaient souvent autour de Dolto ou Lacan, finissaient par évoquer une question liée à la technique du piano ou au génie de Marie Jaëll. Sans doute ai-je alors assimilé dès cette époque, sans le savoir ni le vouloir, quelques principes essentiels qui venaient confirmer ce que je découvrais par ailleurs, et qui ont secrètement confirmé la nature intime de ma relation avec le piano.

Par exemple la certitude – *holistique* avant la lettre – que l'on ne joue pas du piano seulement avec les doigts, mais avec tout son corps, avec tout son être. Cette idée pour moi était devenue banale, une évidence, une loi naturelle. Et quand la professeur de dessin nous a donné comme devoir : *Dessinez le sport que vous aimeriez pratiquer*, c'est sans esprit de provocation que j'ai dessiné un grand piano à queue avec une fille en robe rouge assise devant le clavier. Elle m'a rendu ma copie d'un air étonné :

— Le piano n'est pas un sport !

Nourrie de Martenot, Jaëll, Mitrofanoff et les autres, j'ai dû répondre avec arrogance.

— Mais bien sûr que si, tout le monde sait ça !

La prof aura haussé les épaules d'un air étonné, ah, ces gamines qui croient tout savoir !

Justement, Marie Jaëll préconisait une gymnastique de la main qui s'effectuait loin du clavier. Des mouvements indépendants de chaque doigt, que l'élève devait pouvoir replier un par un, pouce compris, puis lentement déplier comme le danseur de *bushido* allonge lentement son corps, passant d'une position quasiment fœtale à un étirement irréel entre terre et ciel. Les danseuses balinaises ou indiennes, de même que les karatékas et les pratiquants du taï-chi-chuan, approfondissent classiquement la mobilité et la sensibilité des extrémités du corps, orteils compris, qui font rarement l'objet d'un entraînement dans les sports occidentaux.

Des photographies précisaient la manière d'accomplir ces exercices. L'avant-bras est replié, la main largement ouverte, doigts dirigés vers le haut, le reste du corps restant détendu et disponible à l'afflux des sensations. Le poignet est souple et droit, favorisant la circulation entre l'avant-bras et la main. Contrairement à l'image classique de la clémentine qui oblige les élèves, on ne sait pourquoi, à conserver un creux artificiel à l'intérieur de la main, la paume est aplatie, de manière à former entre le pouce et le cinquième doigt l'extension le plus large possible. Le pouce, toujours mobile et léger, se trouve largement écarté de la paume mais replié, de manière à offrir au clavier sa surface externe.

Votre main est largement ouverte, vos doigts écartés les uns des autres, allongés en étoile. Sans bouger les autres doigts, repliez celui-ci, par exemple votre index, lentement, vers l'intérieur de la paume, puis allongez-le de nouveau de tout son long, mais en continuant à dessiner cette petite boucle qui longe l'intérieur de la paume avant de reprendre une position verticale. Aujourd'hui, j'ai tendance à voir dans ces exercices une sorte de yoga ou de taï chi de la main, permettant non seulement d'aborder la pratique du piano avec une intensité idéale, avec des doigts chargés d'énergie, mais aussi de lutter contre les stagnations qui finissent, avec l'âge, par créer les conditions de l'arthrose.

Au début des années 1990, quand j'écrivais *La beauté du geste*, j'avais totalement oublié Marie Jaëll et je croyais qu'elle n'avait guère compté dans ma vie. Dans ce livre, le piano apparaît comme un taï-chichuan de la main, et le *budo* japonais comme une musique du corps. Au moment de sa parution, quelques lettres de lecteurs, dont l'une d'Irakly Avaliani, m'ont signalé la proximité entre la conception du geste pianistique que j'exposais dans cet essai et le travail révolutionnaire de Marie Jaëll. Ces lettres m'ont stupéfiée et bouleversée, car je n'avais pas entendu ce nom depuis de longues années.

Mais bien sûr ! Marie Jaëll ! La prof de piano de la grand-mère de Marie ! Il y a plusieurs pays dans notre enfance. Le boulevard Jules-Sandeau et le Moulin d'Andé se trouvaient soudain côte à côte : pour moi, c'était la rencontre de Guermantes et de Méséglise, toujours recommencée. On n'en finit jamais avec Marcel Proust. Ni avec le piano.

XXVIII

EXTENSION DU DOMAINE DE LA SYMÉTRIE

CETTE ouverture rigoureuse qui agrandit la main, j'en ai retrouvé la sensation libératrice des années plus tard, mais transposée à l'ensemble du corps, en travaillant avec la physiothérapeute hollandaise Esther Voyatzis. Non moins qu'Ethery Djakely, Esther Voyatzis est dotée d'un tempérament de feu. Elle aussi se considère modestement comme la disciple d'une femme visionnaire de la fin du XIXe siècle. Cette fois il s'agit du docteur en médecine Bess Mensendieck, une New-Yorkaise fascinante d'origine autrichienne, née en 1861, et dont la méthode est couramment utilisée depuis près d'un siècle dans les hôpitaux des pays scandinaves et des Pays-Bas. Autrefois présentée comme un art de maintien pour les jeunes filles, la méthode Mensendieck ne se contente pas de garantir l'élégance de la posture et d'éliminer le "mal de dos", elle rétablit l'harmonie musculaire potentielle de notre corps et constitue à mon sens un véritable mode d'emploi de la bipédie.

Chaque jour, sans y penser, à travers nos milliers de gestes quotidiens, nous modifions notre corps de façon infinitésimale. Selon Bess Mensendieck, ces gestes qui souvent nous déforment pourraient au contraire contribuer au fonctionnement harmonieux de notre corps. Encore faudrait-il utiliser les muscles adéquats.

Le nouveau-né aspire à la position verticale dès les premiers jours. Je me souviens que mon fils, souvent couché sur le ventre selon la mode de l'époque, se redressait de manière spectaculaire pour nous considérer d'un air surpris, témoignant de la vivacité et de la puissance de sa colonne vertébrale. Cependant la verticalité, ce privilège qui nous a permis d'utiliser nos mains (notamment pour jouer du piano !), n'est pas sans poser quelques problèmes d'adaptation à notre espèce. Souvent, nous ne savons pas nous tenir debout, nous dansons d'un pied sur l'autre, nous avons une douleur ici, une autre là, si bien que la lutte contre le mal au dos est aujourd'hui l'un des plus célèbres "marronniers" des salles de rédaction.

Certes, notre corps de grands vertébrés n'est pas tout à fait symétrique. Le foie est à droite, le cœur à gauche, le pied droit plus petit ou plus grand, etc. L'univers lui aussi est tordu, paraît-il. Pensez à la forme spiralée de l'ADN, à l'eau qui s'écoule en maelström dans un siphon de baignoire, au croisement des terminaisons nerveuses entre le cerveau et le reste du corps. Il n'en reste pas moins que le plan de notre corps est fondé sur un axe central et une quasi-symétrie, même incomplète. Et que la plupart de nos douleurs musculaires ou articulaires sont causées par une asymétrie intempestive.

Si par exemple, quand vous marchez, votre pied droit se dirige vers le monde extérieur sans vous demander votre avis, formant un angle improbable avec votre pied gauche sagement dirigé vers l'avant, il est probable que votre genou droit est un peu décalé lui aussi, vous avez une hanche qui avance par rapport à l'autre, votre bassin est penché, l'une de vos épaules est plus haute que l'autre et pointe vers l'avant, creusant la poitrine, résultat des courses vous avez des contractions fréquentes dans le haut du dos, surtout du côté gauche, et c'est un torticolis qui sert de signal d'alarme.

Sans prévenir, notre dos commence à se voûter. Un petit renflement à la base de la nuque signale un début d'arthrose, stagnation pernicieuse. Nos omoplates sont souvent décollées comme les oreilles d'un garnement. Ne parlons pas des petites dissymétries particulières à chacun, qui racontent à leur manière les traumatismes de notre vie passée. Il serait bon, pour commencer, de détendre ces trapèzes douloureux, auxquels nous avons sans cesse recours pour porter notre sac en bandoulière. Mais comment faire ?

Bess Mensendieck propose de ranimer d'autres muscles, dans la région des lombaires, devenus paresseux par défaut d'usage, pour mieux désactiver les trapèzes qui peinent inutilement à maintenir notre position asymétrique. Logiquement, le bas de l'édifice soutient le haut, qui devient aérien et léger. Il semblerait qu'il existe pour chaque corps humain, ou plutôt pour chaque personne, qu'elle soit debout, assise ou couchée, une posture idéale – non seulement indolore mais agréable et vivifiante. Cette posture correspond à ce que nous recherchons d'instinct. Après en avoir fait l'expérience, et sans même y penser, nous essayons de la retrouver. Mais il faut pour cela remonter la pente des habitudes. Comme toutes les disciplines approfondies, les exercices Mensendieck impliquent une transformation des réflexes et des habitudes les mieux ancrés. Ma lordose et ma scoliose protestent, d'être ainsi maltraitées. Pas de gestes spectaculaires pourtant, pas de manipulations, tout se passe en finesse, dans un travail de précision. Il s'agit d'établir avec notre corps une relation amicale, de le comprendre par l'expérience, d'évaluer ses besoins et ses aptitudes. Apprendre à contracter ou à détendre certains muscles de façon sélective, cela modifie aussi la façon de marcher, de bouger, cela change la vie. Les gens âgés qui suivent cette méthode récupèrent paraît-il quelques centimètres perdus à cause du tassement de leurs vertèbres. Ce sont les muscles du dos, sollicités de manière adéquate, qui accomplissent cet impressionnant crescendo. Mais notre squelette n'est-il pas usé, abîmé, irréparable ?

— Les os sont vivants, eux aussi ! répond Esther Voyatzis en riant. Votre dos est vivant, il est votre œuvre, le reflet de ce que vous avez vécu. Vous l'avez sculpté sans le savoir, sans y prendre garde, comme M. Jourdain faisait de la prose. Mais vos anciens accommodements avec l'anatomie ne tiennent plus. Ils vous ont aidé longtemps, maintenant ils vous font souffrir. Il s'agit de rectifier le tir, de rétablir les voies obstruées, de remettre l'édifice d'aplomb. Peu à peu, vous prenez conscience des muscles croisés qui font ressembler l'écorché de votre dos à une collection d'éventails, puis vous parvenez à solliciter les très longs muscles verticaux qui longent les vertèbres et qui établissent la continuité des sensations du coccyx à la nuque. Ce travail musculaire, accompli en liaison avec la respiration, agit aussi sur vos tissus osseux. Le but ? Vous aider à retrouver les sensations de votre enfance, l'envie de gambader, le plaisir de lire couché à plat ventre.

La chance des pianistes, c'est que la pratique de leur instrument implique une relative symétrie. Relative, parce qu'il est exceptionnel que les deux mains aient à faire exactement les mêmes gestes, que ce soit à l'unisson ou en miroir. Relative aussi du fait de l'usage différent du pied gauche et du pied droit dans le maniement des pédales. Mais rien à voir avec les torsions permanentes imposées par exemple aux violonistes, et que Yehudi Menuhin conseillait de corriger par une pratique intensive du yoga. Cependant rien n'est simple, et il suffit de prendre l'habitude d'une assise un peu bancale ou d'une crispation dans les épaules pour déclencher à la longue toutes sortes de symptômes. Les amateurs, souvent, ne sont pas assez attentifs à leur posture, position des épaules et du torse, placement des hanches, parallélisme des pieds. Hélas, construire une cathédrale sur des fondations faussées, c'est prendre le risque qu'elle s'effondre. Combien d'abandons du piano (ou d'autres instruments) causés par des douleurs lombaires ou cervicales ?

Quand j'ai rencontré Esther Voyatzis à la faveur d'une méchante sciatique, je craignais d'être bientôt incapable de jouer du piano. Un premier thérapeute m'avait déjà annoncé qu'il allait falloir "vivre avec ça". Je me voyais bientôt pliée en deux à angle droit, comme l'inoubliable M. Hirsch qui officiait autrefois chez Gallimard avec tant de gaieté et de courtoisie qu'on en avait le cœur serré.

XXIX

PEUT MIEUX FAIRE !

PROGRESSER jusqu'à la mort, tel serait donc le but du jeu. Il y aurait un espoir à la démesure du désastre, un puissant espoir de ne pas diminuer avant de disparaître, de continuer à grandir de quelque façon. Ainsi le temps ne serait plus seulement le grand destructeur, mais aussi la matrice du devenir, l'instrument de notre formation continue. *"Is there life before death ?"* demande Woody Allen, le philosophe new-yorkais bien connu. Y a-t-il une vie avant la mort ? A chacun de voir. Jusqu'à notre dernier souffle, nous avons la vie devant nous, quelque chose à faire, à dire, à dessiner, à donner. Un arbre cesse-t-il de pousser ses branches vers le haut ?

La symbolique de l'arbre traverse les civilisations et n'est devenue banale que par excès de pertinence et d'usage. De même l'aurore a gardé depuis Homère ses doigts de rose, évoquant à la fois la naissance de l'astre solaire et le matin de la littérature. La métaphore est à la pensée ce que la perspective est à la peinture. Elle élargit la vision en rapprochant les lointains, et nous rappelle que les choses ne sont pas ce qu'elles paraissent. "Vivre comme un arbre ! s'écrie le vieux Bachelard. Quel accroissement ! Quelle profondeur ! Quelle rectitude ! Quelle vérité ! Aussitôt, en nous, nous sentons les racines travailler, nous sentons que le passé n'est pas mort, que nous avons quelque chose à faire, aujourd'hui, dans notre vie obscure, dans notre vie souterraine, dans notre vie solitaire, dans notre vie aérienne."

Une image s'offre à qui la prend, puis accomplit son destin en devenant un cliché. Jean Paulhan l'expliquait dans *Les fleurs de Tarbes*, il ne faut jamais sous-estimer la puissance signifiante du cliché. Dans son état de cuisson maximale, épuré par un usage séculaire, épointé, durci, réduit à son noyau signifiant, le cliché devient l'équivalent d'un simple mot et s'inscrit dans notre matière grise de manière indélébile et insécable, comme un atome de langage. Or, les arbres s'en fichent évidemment, d'être comparés aux hommes, puisque les objets inanimés n'ont qu'une âme d'emprunt. Mais les hommes se sentent grandis, on peut le comprendre, par cette noble analogie, et c'est pourquoi, dans le monde entier, les mythologies comparent les humains aux arbres.

Cependant, seuls les enfants méritent vraiment cette métaphore, car eux seuls, parmi nous, ont la chance de grandir et de déployer perpétuellement leurs troncs, branches et feuillages. De même que les arbres, les enfants grandissent à chaque seconde, atome par atome, cellule par cellule, et cela sans avoir d'effort spécial à fournir, par simple expansion involontaire, et cette croissance constante donne à leur vie un sens provisoirement satisfaisant. Pour un enfant, vivre, c'est grandir, c'est devenir-grand, voilà tout. Dépasser la hauteur des blés mûrs, comme le petit Nicolas dans mon premier livre de lecture. Occuper plus d'espace. Déplacer plus d'air. Atteindre le bouton de l'ascenseur. Vivre est ce mouvement ascensionnel, cette grande main qui nous entraîne vers l'avenir avec nos espérances, qui nous fait devenir *plus* quelque chose, plus grand, plus agile, plus sage, plus savant. Si notre civilisation a bâti ses mythes sur la notion trompeuse du progrès, ce n'est pas un hasard. Le progrès, nous l'avons connu dans nos membres, nos fibres et nos cellules, nous l'avons attendu, désiré, et nous l'avons aimé, oui nous avons aimé grandir tranquillement, et même sans manger de la soupe tous les jours. Et même quand nous n'étions pas sages, rien n'arrêtait ce mouvement vers le haut, vers le *plus*. Ainsi l'enfance nous habitue à devenir chaque matin quelqu'un d'autre.

Un jour nous cessons d'être comme les arbres, notre croissance naturelle s'achève, notre expansion s'interrompt. Alors commence notre *big crunch* personnel. Dès que nos membres cessent de se rallonger, nous commençons à chercher un peu partout le sens perdu de l'existence. La réalité des horloges biologiques nous apparaît dans une nouvelle lumière et nous voyons déjà la mort là-bas, au loin. Nous avons le souvenir d'avoir été ce corps sensible en voie de construction et le regret obscur que cela ne soit plus. Nous savons que les anciens se tassent sous le fardeau des ans, et nous avons peur de ce déclin, nous ne voulons pas rétrécir et nous ratatiner. Nous aimerions continuer à croître sans effort, et que se perpétue l'expansion de notre petit univers.

Mais comment retrouver ce sentiment exaltant de se réveiller chaque matin avec un millimètre de plus ? Comment renouer avec la certitude d'être sur la bonne voie, ou dans le sens de l'Histoire, avec la confiance qui émanait de ces progrès faciles, au temps où la nature spontanément nous améliorait et nous complétait à chaque seconde, et sans nous demander notre avis, comme une bonne mère qui sait ce qu'il vous faut, et le donne sans réserve ? Et comment perpétuer l'étonnement, la curiosité, l'appétit qui vont de pair avec cette pacifique expansion du corps ?

Si nous n'avons pas renoncé à notre piano, à notre violon, c'est pour rester fidèles au crescendo perpétuel de l'enfance. La pratique du piano ne comporte pas de limite d'âge et nous voulons croire qu'en musique comme en amour, le temps qui passe n'est pas un inconvénient mais une chance à saisir. Voyez, toutes choses égales par ailleurs, les sommets atteints par un Horowitz, un Perlemuter ou un Arrau jusqu'à leurs derniers jours. Nous avons cessé de grandir, mais nous continuons à nous transformer, quoi qu'il arrive et à chaque instant, du soir au matin et du berceau à la tombe. Ce perpétuel changement nous inquiète et parfois nous terrifie, mais il doit être possible de l'orienter dans le sens de notre intérêt bien compris, qui est aussi celui de nos désirs les plus fous. Dans cette perspective, chaque minuscule progrès, plus qu'une victoire ou une conquête, devient une sorte de renaissance, une matinée de soleil.

Alors, ces années dites "du déclin", qui nous font mûrir comme des fruits d'automne et nous rapprochent implacablement du terme, nous apportent aussi leurs instants dorés, le moment où cette *Etude* de Chopin se met à filer sous nos doigts comme une fontaine de lumière, la découverte d'un petit Schubert de derrière les fagots, la joie d'un duo piano-flûte avec Nancy Huston ou Noémi Bloit, la joie d'un quatre-mains avec Marisa dans la grande véranda du Cap, avec notre petit Aurélien qui danse, unique témoin de nos prouesses.

Les sages le disent, il est plus important d'apprendre que d'avoir appris, et la perfection de l'être humain n'est rien d'autre que sa perfectibilité. Vieillir, c'est diminuer le temps qui nous sépare de la fin, mais c'est aussi un temps pour renaître, pour écrire, pour jouer avec de nouvelles pensées, pour faire des progrès au bridge, au tir à l'arc, à la pétanque. Il ne tient qu'à nous de faire chauffer la marmite, d'accélérer la pousse de l'arbre, de hisser plus haut la barre. Quel que soit notre mode d'expression, stylo, aquarelle ou fusain, piano ou violon, tennis ou varappe, claquettes ou calligraphie, toute pratique artistique ou sportive, dès le premier instant, ouvre un espace de progrès possible, un espace pour la joie.

Ce qui nous fatigue et nous rétrécit, ce sont les stagnations, les fermetures, les couvercles, les plaintes, les ressassements. Il est conseillé de se défier des pensées fixes comme de la vie sédentaire, de préférer la randonnée à la bouillotte et la lecture au décervelage télévisuel. Il est excellent pour la santé de se dispenser des fanatismes en tout genre, des affirmations et des slogans, pour assumer joyeusement le rôle de l'idiot, de celui qu'on appelle aujourd'hui le maillon faible, de celui qui dit "peut-être" dans une société de fortiches où chacun veut propager sa vérité d'emprunt. Il importe surtout de ne pas s'arrêter, de ne pas rester fixé dans un personnage, une idée. Il s'agit de ne pas mourir avant terme, ne pas anticiper le néant. Sous la menace constante de l'apocalypse, en attendant les fins dernières et les lendemains qui grincent, nous restons en charge de notre petite cuisine personnelle. Il s'agirait par exemple de se frayer un sentier dans les jungles de Liszt, de ne plus vulgariser Chopin, ni dévoyer Mozart, ni mécaniser Bach, ni sentimentaliser Schubert, ni trahir l'éloquence de Brahms. Oui l'espoir est grand de trouver enfin l'expression juste, ne serait-ce que le temps de quelques mesures.

Il serait donc possible de passer du *plus* au *mieux*, de la Quantité à la Qualité (comme l'espérait Robert Pirsig, l'auteur du *Traité du zen et de l'entretien des motocyclettes*, traduit en français par Maurice Pons), d'inventer une autre manière de grandir, adaptée à chacun. Convertir la croissance interrompue en énergie créatrice, convertir les regrets en projets. Trouver dans le temps qui passe mille occasions de devenir savant, généreux, précis. Le piano participe de cet élan, voilà.

Il ne s'agit plus de grandir sans y penser mais d'obtenir de soi-même un effort durable, un désir tenace. Il s'agit d'apprendre à gouverner ses gestes et ses pensées. Avec l'âge, disent les maîtres du *budo* japonais, le corps s'affaiblit mais l'esprit gagne en puissance. La force musculaire diminue mais cette perte est largement compensée par l'entraînement au long cours qui intériorise l'énergie, accroît la sensibilité, et rend enfin nos gestes plus efficaces, notre palette plus nuancée.

Reconnaître à nos expériences vécues leur signification véritable, sans commune mesure avec les messages vides ou factices dont nous sommes généralement abreuvés. Devenir conscients de l'abîme qui sépare souvent nos intentions de nos actes, notre volonté de nos gestes. Apprendre à se juger soi-même sans passion, ni hostilité, ni indulgence. Comme de loin. Ne rien exagérer, ni les éloges ni les réprimandes. Et puis aimer de plus en plus cette musique-là, ce *Prélude*, cette *Fantaisie*, cet *Intermezzo*, cette matinée paisible. Aimer de mieux en mieux les sensations, les gestes, les émotions qui leur sont associées. *Aujourd'hui plus qu'hier et bien moins que demain*. Se donner des objectifs limités, mais de plus en plus difficiles à atteindre.

"Auprès du danger croît aussi ce qui sauve", disait justement Hölderlin. Le jeu consiste à se transformer un peu tous les jours, puisque transformation il y a, mais à se transformer *exprès*. Pour retrouver les verts paradis, il nous faut désormais cultiver notre jardin secret. Ce qui croît, ce qui "sauve" se trouve en gestation dans l'humus du présent, mais ne se révélera que dans l'avenir. A ne pas négliger ! Car voici que les semis commencent à sortir dans le jardin du piano. Voyons si la Muse est prête pour quelques heures de vol. Recevoir, écouter, jouir, tel est le cahier des charges.

Ainsi donc, vous avez le pouvoir, *oui, un très grand pouvoir !* de rendre la vie à cette petite phrase musicale non identifiée qui vous chatouille le creux de l'oreille, cette charmeuse vous agace la mémoire, *mais quelle est cette chanson ?* vous attendez l'autobus *et la voici qui revient se faire chantonner en silence*, une fois, deux fois, *on dirait un refrain, une revenante, elle s'en va et revient au gré de mes rêveries, elle ne me lâche pas, elle insiste pour se matérialiser*... Enfin, ça y est, *je la reconnais, mais oui*, c'est la première page de la *Fugue* de Bach que vous avez commencé avant-hier à déchiffrer, *je n'y pensais plus, hier je n'ai pas eu le temps de la retravailler*, mais vous vous apercevez qu'elle n'a pas cessé de creuser son sillon, *elle ne m'a jamais quittée, la nuit, le jour*, par un effet de rémanence mnésique, elle a continué son bonhomme de chemin, *quelle sympathique surprise*, et maintenant vous n'avez plus qu'une idée, *le frustré se détend !* une idée fixe, aller au piano, ouvrir cette partition et rendre à cette petite phrase son allant, ses couleurs, sa complexité polyphonique, *bref me mettre au boulot et faire chanter l'animal.*

Imaginez, sans viser la lune… Apprivoiser enfin cette sonate de Scarlatti. Ne plus redouter ces bonds de la main gauche dans *Sospiro* de Lizst. Rendre expressive cette succession d'octaves dans le treizième *Nocturne* de Chopin. Alléger ces arpèges de Schumann au point de les rendre aériens, leur donner un sens, une intention, un phrasé. Maîtriser enfin cette petite *Fugue* de Bach à deux voix qui n'a l'air de rien, et qui vous envoie dans le fossé par traîtrise, d'une pichenette, toujours au même endroit, évidemment, à moins de la jouer à une allure d'escargot. Faire entendre clairement les multiples voix entrecroisées dans un *Intermezzo* de Brahms.

Savoir jouer des *Ländler* de Schubert, puis changer sans crainte d'époque et de genre, s'offrir une incursion chez Debussy ou Bartók, puis enchaîner avec quelques mesures de Gershwin, naviguer contre le vent, en rappel, par cœur, improviser, déchiffrer, *déchirer*, changer de continent, de couleur, comme en rêve, passer du baroque au swing, ou de la valse au jazz, enchaîner Scarlatti et Fragson, Mozart et les Beatles, et tout cela sans douleur ni stress, dans un à-peu-près bien maîtrisé, sans erreur sur les tonalités, sans doigts qui tremblent, avec seulement un abandon à ce qui emporte. Jouer les yeux fermés, comme les pros, et peut-être même danser sur le clavier comme une ballerine sur ses pointes, puisque aussi bien nos dix doigts seraient des jambes.

Le XXe siècle nous a infligé des tragédies qu'aucune heure de musique, pas plus que de lecture, ne pourra jamais apaiser, et nous ne croyons plus au progrès moral des civilisations. Pourtant, malgré les convulsions et les désastres, nous avons survécu, il nous reste un peu de temps à vivre et nous avons gardé, chevillé au corps, ce besoin d'évoluer. Or le piano, ce vigoureux vieillard âgé de trois siècles, reste un puissant véhicule d'espoir et d'escapade, limousine ou tortillard, une invitation au voyage avec kilométrage illimité.

Offrons-nous donc le luxe d'écouter notre musique du jour, d'ausculter ce qui nous passe par les doigts ce matin, en sachant que cette musique balbutiante est un assez bon indicateur de notre état d'éveil. Si le démarrage se révèle cahotant et difficultueux, si les notes se bousculent en désordre, si les passages les mieux appris semblent redevenir de brumeux paysages, c'est qu'il y a quelque chose qui ne va pas ; en général, au bout d'une petite heure de pratique, la circulation des notes réussit à dissiper les nuages, au moins à les tenir en respect.

Peu à peu, le chagrin que vous ressentiez peut-être au réveil se disperse, vous quittez cet état brumeux où surnagent des relents de rêves, vos cellules se laissent traverser par ce son et lumière, cela passe par les doigts bien sûr mais en même temps cela remonte jusqu'au cerveau en passant par le cœur, les bras, les épaules, les jambes, les pieds, l'échine, le ventre, et votre angoisse est oubliée tandis que vous recherchez la note juste, le toucher adéquat, léger, précis, fluide, perlé, élastique, etc., et ce problème du toucher vous occupe maintenant l'esprit de manière impériale, impérieuse, impérialiste, il faut absolument que ce *fa* supérieur résonne comme un cri et non comme un couac, vous travaillez sur cette montée en rappel dans votre *Etude* de Chopin déjà cent fois rabâchée, et ce travail d'horlogerie, de réglage, d'ajustage se répand partout dans votre conscience, tandis que toutes les autres pensées, pourtant habituellement si bavardes, doivent se taire provisoirement, les soucis, les peurs, les espoirs, les souvenirs intempestifs, et vous voilà délivré des petites misères, du rappel d'impôts, du rendez-vous important, alléluia.

Si donc le pianiste est un arbre qui chante, il est clair qu'il ne se contente pas de remuer paresseusement les feuilles au gré du vent, je veux dire d'actionner ses doigts en suivant la partition. Le mouvement des phalanges sur le clavier s'accompagne d'un afflux de sève dans les mains, à travers les branches, les épaules, le tronc, l'assise, les jambes, et même les pieds sont en éveil. Le corps du pianiste se rassemble tout entier au bout de chacun de ses doigts, de ses feuilles, là où la pulpe est une antenne sensible, là où ses empreintes digitales le rendent unique.

Ce qui nous maintient en mouvement, c'est la joie enfantine, et non infantile ! de progresser, *même un tout petit peu.* A chaque jour suffit son exploit, sa victoire miniature. Epater les auditeurs, c'est bien, encore faut-il d'abord s'étonner soi-même, puisque le sage, dit-on, apprend de tout homme, et donc aussi de lui-même, et surtout de ses propres erreurs. Améliorer ce trille du pouce et de l'index, gagner un centimètre au lancer de poids, réussir une béchamel, améliorer son orthographe, c'est modeste, ce n'est pas le jackpot ni le grand bond en avant, mais ce n'est pas rien, ça fait plaisir, c'est toujours bon à prendre, c'est un petit pas en avant, vers le "haut", vers une version idéale de nous-mêmes, vers la perfection qui scintille là-bas. Un élan vers l'avenir qui remet sur ses rails le temps détraqué, et lui insuffle une nouvelle cohérence.

Progresser, c'est sortir, s'exposer, ouvrir ses écoutilles. Le "développement personnel" n'est pas le monopole des groupes sectaires qui vendent de la jeunesse en gélules numérotées alpha ou oméga. La pratique d'un art, même s'il paraît inutile et gratuit, même s'il n'aboutit à aucun podium, aucun concert, aucune exposition, reste l'occasion de construire en soi-même ces "chefs-d'œuvre intérieurs" dont parlait le M. Teste de Valéry.

Nous les amateurs, nous résistons à la tentation de ne pas jouer du piano, et nous récidivons, persistons, signons. Nos constructions sont invisibles et peuvent sembler fragiles comme les châteaux de sable que les enfants sacrifient à la marée montante. Cependant, pas à pas, mesure par mesure, des palais de musique s'édifient dans notre mémoire longue et leurs fondations se révèlent au fil des ans d'une solidité à toute épreuve.

Les statistiques tentent de donner à nos destinées l'aspect déprimant d'un envol suivi d'une descente en vrille, mais nous récusons ce verdict. Nous voulons croire qu'au piano, l'âge n'est pas un naufrage, mais un outil de travail. Notre espérance de vie s'allonge, mais ce que nous voulons faire durer, c'est le plaisir d'être en vie. Tel est notre credo, notre crescendo. Et si cela nous est permis, nous tiendrons le cap de bonne espérance, nous continuerons à progresser dans toutes les directions du temps et de l'espace, vers la terre et vers le ciel, comme le frêne aux longues branches torsadées qui se fait admirer sur la colline de Montmartre. Et quand le jour viendra, *when the bell tolls*, nous n'irons pas à Samarkand, nous ne traverserons pas la rue d'Alésia, nous resterons au piano pour attendre la Grande Faucheuse, bien assis sur notre antique tabouret de cuir griffé par les chats Fifi et Gismo, espérant être foudroyés en plein élan, à la manière de Poquelin, au milieu d'une *Fugue* à quatre voix, à la jointure de deux octaves. En plein *crescendo*.

Andé, Malicorne, La Cabanne,
Valmondois, Montmartre,
2002-2006.

REMERCIEMENTS

Selon le Talmud, le sage apprend de tout homme, et je voudrais exprimer ma profonde reconnaissance à l'égard de toutes les personnes citées dans ce livre, qu'il s'agisse d'interprètes, de professeurs, de partenaires ou autres, pour ce qu'elles m'ont enseigné.

Ma gratitude s'adresse aussi, pour des raisons variées, à Isabelle Anargyros, Lolla Bernas et sa joyeuse tribu, Noëlle Châtelet, Alain Didier-Weill, Pascal Flamand, Philippe Laurent, Myriam Martou, Marc Miller, Camille Scoffier-Reeves.

Merci à Nicole Leibowitz de m'avoir donné, il y a bien des années, l'idée d'un livre tel que celui-ci.

Merci à Odile Serre pour ses encouragements au long cours.

Merci à Emmanuel Carrère pour les *Davidsbündler*.

Merci à Guy Faucon et Sylvie Habault, du théâtre de la Pie-Rouge, de m'avoir proposé le rôle de l'abominable Rita dans leur spectacle musical *Le cabaret des lendemains*.

Merci à Hubert Nyssen pour son hospitalité.

Et merci à Renée Payne, de Washington, nièce de l'écrivain René Glotz, pour ses trouvailles miraculeuses. Notamment un disque intitulé *Music for the Contemporary French Ballet*, qui contient des œuvres de Georges Auric (direction René Leibowitz), et le *Divertissement champêtre* de Pierre Gradwohl ; et un article signé John Briggs, paru dans le *New York Times* le 11 mai 1952, à propos d'un concert consacré à trois compositeurs français – Albert Roussel, Georges Auric et mon père. Je ne résiste pas au plaisir d'en citer un extrait :

> Divertissement champêtre*, a one-act ballet by Pierre Gradwohl, youngest of the three composers represented, suggests that if a trend is discernible in French music it is away from experimental writing and in the direction of neo-classicism. Divertissement Champêtre is a tightly-wrought score designed for dancing, in which the music is closely integrated with the choreography. Gradwohl, born in 1905, is little known in America. He studied with Louis Vierné, organist of Notre Dame, and with Nadia Boulanger. He is also a founder of the Fiori Musical concerts, whose three annual concerts are appreciated by the intellectual elite in Paris. The performance of* Divertissement champêtre *by the orchestra des Cadets du Conservatoire de Paris is under the composer's direction.*

Divertissement champêtre, ballet en un acte de Pierre Gradwohl, le plus jeune des trois compositeurs représentés, donne à penser que si l'on peut discerner une tendance dans la musique française actuelle, elle serait éloignée de l'écriture expérimentale, et proche du néo-classicisme. *Divertissement champêtre* est une partition d'une construction serrée, destinée à être dansée, et dans laquelle la musique se mêle intimement à la chorégraphie. Gradwohl, né en 1905, est peu connu en Amérique. Il a étudié avec Louis Vierné, organiste de Notre-Dame, et avec Nadia Boulanger. Il est également le fondateur des Concerts parisiens des Fiori Musicali, dont les trois concerts annuels sont appréciés par l'élite intellectuelle parisienne. Il a dirigé lui-même l'exécution du *Divertissement champêtre*, par l'orchestre des Cadets du Conservatoire de Paris.

Quelques livres ont accompagné cette promenade dans le jardin du piano.

Les étincelles de hasard, d'Henri Atlan, 2 vol., Seuil, Paris, 2003.

With Your Own Two Hands. Self-Discovery Through Music de Seymour Bernstein, Schirmer Books, New York, 1981.

André Boucourechliev, d'Alain Poirier, Fayard, Paris, 2002.

Le langage musical, d'André Boucourechliev, Fayard, Paris,1993.

Regard sur Chopin, d'André Boucourechliev, Fayard, Paris, 1996.

Sylvie et Bruno, de Lewis Carroll, traduction Jean Gattégno, Seuil, Paris, 1972.

De la musique. Ecrits I, de Jacques Drillon, Gallimard, Paris, 1998.

Les Variations Goldberg, de Nancy Huston, "Babel", Actes Sud, Arles, 1997.

Le toucher. Enseignement du piano basé sur la physiologie, publications de l'Association Marie Jaëll, www.mariejaell.asso.fr

Principes fondamentaux de formation musicale et leur application, de Maurice Martenot, Magnard, Paris, 1970.
La relaxation active, de Maurice Martenot et Christine Saïto, rééd. Courrier du livre, Feucherolles, 2004.
L'altération musicale, de Bernard Sève, Seuil, Paris, 2002.
La musique au cœur de l'émerveillement, d'Elisabeth Sombart, J.-C. Lattès, Paris, 1996.
Cinq méditations sur la beauté, de François Cheng, Albin Michel, Paris, 2006.

Et bien sûr :

Piccolo, Saxo et Compagnie, texte de Jean Broussolle, musique d'André Popp, avec la voix de François Périer, aujourd'hui "remastérisé" en coffret de deux albums CD.

TABLE

"un endroit où aller"
Une collection créée en 1995 par Françoise et Hubert Nyssen

1. Alice Ferney
L'ÉLÉGANCE DES VEUVES
2. Tecia Werbowski
LE MUR ENTRE NOUS
3. Ossip Mandelstam
LE TIMBRE ÉGYPTIEN
4. André Sarcq
LA GUENILLE
5. Brassaï
HISTOIRE DE MARIE
6. Jack London
CONSTRUIRE UN FEU
7. Michel Butor
STRAVINSKY AU PIANO
8. Jean-Louis Cornille
LA HAINE DES LETTRES
9. Robin Chapman
LE JOURNAL DE LA DUCHESSE
10. Marisa Volpi
CAVALIER SANS DESTIN
11. Claire Fourier
MÉTRO CIEL
12. Charles Bertin
LA PETITE DAME EN SON JARDIN DE BRUGES
13. Fabienne Pasquet
L'OMBRE DE BAUDELAIRE
14. Anne Walter
LA LEÇON D'ÉCRITURE
15. Guichardin
LES *RICORDI*
16. Eric Rohmer
DE MOZART EN BEETHOVEN
17. Comte de Gobineau
MADEMOISELLE IRNOIS
18. Nancy Huston
INSTRUMENTS DES TÉNÈBRES
19. Pier Paolo Pasolini
POÈMES OUBLIÉS

20. Dina Rubina
LE DOUBLE NOM DE FAMILLE

21. Eva Figes
SPECTRES

22. Myriam Champigny Cohen
LE LIVRE DE MON PÈRE
suivi de
LES LETTRES DE MA MÈRE

23. Nina Berberova
NABOKOV ET SA LOLITA

24. Dina Rubina
LES POMMES DU JARDIN DE SCHLITZBUTER

25. Henrik Pontoppidan
LE VISITEUR ROYAL

26. Anna Maria Ortese
LÀ OÙ LE TEMPS EST UN AUTRE

27. Assia Djebar
ORAN, LANGUE MORTE

28. André-Louis Rouquier
LA NUIT DE L'OUBLI

29. Françoise de Gruson
BASSES BRANCHES

30. Robert Lafont
LE COQ ET L'OC

31. Jean Duvignaud
B.-K. (BAROQUE ET KITSCH)

32. Joe Brainard
I REMEMBER

33. Tecia Werbowski
L'OBLOMOVA

34. Alice Ferney
GRÂCE ET DÉNUEMENT

35. Assia Djebar
LES NUITS DE STRASBOURG

36. Sixma Van Heemstra
AMOURAMORT

37. Michel Butor
POUR TOURNER LA PAGE

38. Jean-Pierre Miquel
PROPOS SUR LA TRAGÉDIE

39. Arnaldo Calveyra
L'HOMME DU LUXEMBOURG

40. Anne-Marie Garat
L'AMOUR DE LOIN

41. François-Bernard Michel
JUDITH

42. Rosie Delpuech
INSOMNIA

43. Luc de Heusch
MÉMOIRE, MON BEAU NAVIRE

44. Hubert Nyssen
LE BONHEUR DE L'IMPOSTURE

45. William Shakespeare
LE ROI LEAR

46. Marcel Moreau
LA VIE DE JÉJU

47. Philippe de la Genardière
LE TOMBEAU DE SAMSON

48. Lesley Blanch
ROMAIN, UN REGARD PARTICULIER

49. Montaigne
DES LIVRES

50. Nancy Huston
L'EMPREINTE DE L'ANGE

51. Anne Walter
LES RENDEZ-VOUS D'ORSAY

52. Pierre Gascar
LE TRANSSIBÉRIEN

53. Pierre Gascar
AÏSSÉ

54. André Dubus
VENDRE SA PROSE

55. Siri Hustvedt
YONDER

56. Nadine Ribault
UN CAILLOU A LA MER

57. Rose-Marie Pagnard
DANS LA FORÊT LA MORT S'AMUSE

58. Tecia Werbowski
HÔTEL POLSKI

59. Gwenaëlle Aubry
LE DIABLE DÉTACHEUR

60. Myriam Antaki
LES VERSETS DU PARDON

61. Agathe Rouart-Valéry
CRAYONS

62. Pierre Aubé
JÉRUSALEM 1099

63. Grace Elizabeth King
BAYOU L'OMBRE

64. Nancy Huston
PRODIGE

65. Muriel Cerf
SERVANTES DE L'ŒIL

66. Wang Wenxing
PROCESSUS FAMILIAL

67. Aki Shimazaki
TSUBAKI

68. Gidon Kremer
UNE ENFANCE BALTE

69. Luc Sante
L'EFFET DES FAITS

70. Nancy Huston
NORD PERDU

71. Dmitri I. Pisarev
NOTRE SCIENCE UNIVERSITAIRE

72. Charles Bertin
JADIS, SI JE ME SOUVIENS BIEN…

73. Lisa Bresner
LAO TSEU

74. Davitt Moroney
BACH

75. Anna Maria Ortese
CORPS CÉLESTE

76. Pier Paolo Pasolini
DANS LE CŒUR D'UN ENFANT

77. Hubert Nyssen
QUAND TU SERAS A PROUST
LA GUERRE SERA FINIE

78. Göran Tunström
UN PROSATEUR A NEW YORK

79. George Washington Cable
CARANCRO

80. Nadine Ribault
FESTINA LENTE

81. Anne-Marie Garat
LES MAL FAMÉES

82. Alice Ferney
LA CONVERSATION AMOUREUSE

83. Aki Shimazaki
HAMAGURI

84. Nancy Huston
LIMBES/*LIMBO*

85. Marly Youmans
LITTLE JORDAN

86. Anne Bragance
LE LIT

87. Marian Pankowski
POST-SCRIPTUM A L'AMOUR

88. Jean Joubert
UN PEU AVANT LA NUIT

89. Annie Leclerc
TOI, PÉNÉLOPE

90. Jean-Luc Outers
LA COMPAGNIE DES EAUX

91. Nancy Huston
DOLCE AGONIA

92. Jean Duvignaud
LE PRIX DES CHOSES SANS PRIX

93. Alberto Manguel
STEVENSON SOUS LES PALMIERS

94. Muriel Cerf
LA FEMME AU CHAT

95. Jean Debernard
SIMPLES SOLDATS

96. Nina Berberova
LES DERNIERS ET LES PREMIERS

97. Pierre Aubé
ÉLOGE DU MOUTON

98. Fabienne Pasquet
LA DEUXIÈME MORT DE TOUSSAINT-LOUVERTURE

99. Aki Shimazaki
TSUBAME

100. Anna Maria Ortese
LE SILENCE DE MILAN

101. Guillaume Pigeard de Gurbert
LE MOUCHOIR DE DESDÉMONE

102. Anne Bragance
CASUS BELLI

103. Sebastian Haffner
HISTOIRE D'UN ALLEMAND

104. Hubert Nyssen
ZEG OU LES INFORTUNES DE LA FICTION

105. Marcel Thiry
GRANDES PROSES

106. Annie Leclerc
ÉLOGE DE LA NAGE

107. Joëlle Miquel
CONCERTO POUR ALEXANDRE

108. Raymond Jean
CLOTILDE OU LE SECOND PROCÈS DE BAUDELAIRE

109. Nina Berberova
LE CAP DES TEMPÊTES

110. Anne Walter
C'ÉTAIT UN JOUR TRÈS LENT

111. Vincent Delecroix
RETOUR A BRUXELLES

112. Arnaldo Calveyra
MAÏS EN GRÉGORIEN

113. Kjell Espmark
LE VOYAGE DE VOLTAIRE

114. Timothée de Fombelle
JE DANSE TOUJOURS

115. Lisa Bresner
PÉKIN EST MON JARDIN

116. Nathaniel Hawthorne
VINGT JOURS AVEC JULIAN ET PETIT LAPIN SELON PAPA

117. Annie Leclerc
L'ENFANT, LE PRISONNIER

118. Alberto Manguel
CHEZ BORGES

119. Nina Berberova
MADAME
suivi de
PETITE FILLE

120. Aki Shimazaki
WASURENAGUSA

121. Nancy Huston
UNE ADORATION

122. Jean Duvignaud
LES OCTOS

123. Anne Bragance
LA REINE NUE

124. Alice Ferney
DANS LA GUERRE

125. Anne-Marie Garat
NOUS NOUS CONNAISSONS DÉJÀ

126. Anna Maria Ortese
LE MONACIELLO DE NAPLES
suivi de
LE PHANTASME

127. Anna Maria Ortese
L'INFANTE ENSEVELIE

128. Nina Berberova
LA GRANDE VILLE

129. Rudyard Kipling
UN TAUREAU INTELLIGENT
suivi de
L'HOMME QUI VOULAIT ÊTRE ROI et autres contes cruels

130. Sherif Hetata
LA NASSE

131. Frank Huyler
AU SUIVANT

132. Hubert Nyssen
PAVANES ET JAVAS SUR LA TOMBE D'UN PROFESSEUR

133. Anne-Marie Garat
LA ROTONDE

134. Vincent Delecroix
LA PREUVE DE L'EXISTENCE DE DIEU

135. Nadine Ribault
CŒUR ANXIEUX

136. Pia Petersen
PARFOIS IL DISCUTAIT AVEC DIEU

137. Anna Maria Ortese
TERREURS D'ÉTÉ

138. Anna Maria Ortese
LES OMBRA

139. Jean-Luc Outers
LE BUREAU DE L'HEURE

140. Pierre Henry
JOURNAL DE MES SONS

141. Claude Schmitt
L'EMPREINTE, RÉCIT DE LA GUERRE D'ALGÉRIE

142. Alberto Manguel
KIPLING

143. Robert Georgin
SOLSTICE D'AUTOMNE

144. Dominique Sassoon
IL Y A PLUSIEURS MANIÈRES DE PRENDRE DES PHOTOS

145. Aki Shimazaki
HOTARU

146. Berjanette
LES FEMMES, LA TABLE, L'AMOUR

147. Anne-Marie Garat
UNE FAIM DE LOUP

148. Anne Bragance
UNE ENFANCE MAROCAINE

149. Frédéric Chaudière
TRIBULATIONS D'UN STRADIVARIUS EN AMÉRIQUE

150. Paul Gadenne
BALEINE

151. Alberto Manguel
UN AMANT TRÈS VÉTILLEUX

152. Jean Duvignaud
LE SOUS-TEXTE

153. Breyten Breytenbach
LE CŒUR-CHIEN

154. Metin Arditi
DERNIÈRE LETTRE A THÉO

155. George Steiner
UNE CERTAINE IDÉE DE L'EUROPE

156. Robin Chapman
L'ÂGE D'OR DE SANCHO

157. Anne Bragance
DANSEUSE EN ROUGE

158. Pia Petersen
UNE FENÊTRE AU HASARD

159. Pascal Durand
L'ART D'ÊTRE HUGO

160. Metin Arditi
LA PENSION MARGUERITE

161. Alexis Curvers
LE MONASTÈRE DES DEUX-SAINTS-JEAN

162. Sir Arthur Conan Doyle
SOUS LA LAMPE ROUGE

163. Michel Guérin
LA GRANDE DISPUTE

164. Georges Moustaki
SEPT CONTES DU PAYS D'EN FACE

165. Jean Duvignaud
LA RUSE DE VIVRE

166. Frank Huyler
LES LOIS DE L'INVISIBLE

167. Julien Burgonde
LA NOSTALGIE DU FOSSOYEUR

168. Kjell Espmark
BÉLA BARTÓK CONTRE LE TROISIÈME REICH

169. Nancy Huston
LIGNES DE FAILLE

170. Metin Arditi
L'IMPRÉVISIBLE

171. Alice Ferney
LES AUTRES

172. Catherine David
CRESCENDO

OUVRAGE RÉALISÉ
PAR L'ATELIER GRAPHIQUE ACTES SUD
ACHEVÉ D'IMPRIMER
EN DÉCEMBRE 2006
PAR L'IMPRIMERIE FLOCH
A MAYENNE
POUR LE COMPTE DES ÉDITIONS
ACTES SUD
LE MÉJAN
PLACE NINA-BERBEROVA
13200 ARLES

DÉPÔT LÉGAL
1re ÉDITION : SEPTEMBRE 2006
N° impr. : 67293
(Imprimé en France)